Beiträge

zur Erläuterung und Beurtheilung

des Entwurfes

eines

Bürgerlichen Gesetzbuches

für das Deutsche Reich.

Unter Mitwirkung

von

Dr. F. **Bernhöft**, Professor in Rostock, Dr. K. **Cosack**, Professor in Berlin, Dr. E. **Eck**, Geh. Justizrath und Professor in Berlin, Dr. O. F. **Gierke**, Geh. Justizrath und Professor in Berlin, Dr. R. **Koch**, Vizepräsident des Reichsbankdirektoriums, Dr. J. **Krech**, Kaiserl. Geh. Regierungsrath in Berlin, Dr. F. E. **von Liszt**, Professor in Marburg, E. **Meischeider**, Reichsgerichtsrath, Dr. J. **Petersen**, Reichsgerichtsrath, Dr. R. **Schröder**, Geh. Hofrath und Professor in Heidelberg, Dr. L. **Seuffert**, Professor in Würzburg, F. **Vierhaus**, Oberlandesgerichtsrath in Cassel, Dr. E. **Zitelmann**, Professor in Bonn,

herausgegeben

von

E. J. Bekker, Geheimrath und Professor in Heidelberg, und **O. Fischer**, Professor in Greifswald.

Dreizehntes Heft:

K. Cosack, Das Sachenrecht.

Berlin.
Verlag von J. Guttentag
(D. Collin).
1889.

Das Sachenrecht

mit Ausschluß des besonderen Rechts der unbeweglichen Sachen

im Entwurf

eines

Bürgerlichen Gesetzbuches

für das Deutsche Reich.

Von

Dr. Konrad Cosack,

Professor der Rechte zu Berlin.

Berlin.

Verlag von J. Guttentag

(D. Collin).

1889.

Inhalt.

Entwurf, drittes Buch. Sachenrecht.

Die folgende Darstellung schließt — nach dem Plane dieser Sammlung — das besondere Recht der Grundstücke und der Vermögensgemeinschaften aus.

Sie schließt weiter, bis auf wenige Ausnahmen, eine Kritik der Form des Entwurfes aus. Denn in dieser Sammlung hat Bekker eine solche Kritik bereits gegeben. Ebenso hat Gierke die Formfrage gründlich behandelt. Ich beschränke mich deshalb auf die Bemerkung, daß für mich die Form des Entwurfes unannehmbar ist.

Im Folgenden habe ich mehrfach den Theilentwurf, welchen der Berichterstatter der Kommission für das Sachenrecht aufgestellt hat, und die dem Theilentwurfe beigegebenen Motive angeführt. Ich habe die Vergleichung des Theilentwurfes mit dem jetzigen Entwurfe überaus lehrreich gefunden und hoffe, daß der Leser ein Gleiches finden wird. Nun macht freilich Vierhaus, im ersten Hefte dieser Sammlung S. 72[4], folgende Bemerkung: „Es scheinen einzelne Exemplare (der Redaktorenvorlagen und Kommissionsprotokolle) ihren Weg in außerhalb der Kommission stehende, namentlich akademische Kreise gefunden zu haben. Es wäre . . . höchst bedauerlich, wenn von diesem Materiale bei der demnächstigen Kritik Gebrauch gemacht würde. . . . Es läge eine starke Indiskretion darin, wollte man das Schicksal der einzelnen Anträge an die Oeffentlichkeit ziehen." Ich erwidere hierauf, daß (ganz abgesehen davon, daß ich grundsätzlich die Auffassung von Vierhaus für unrichtig halte) Theilentwurf und Motive mir durch eine öffentliche Bibliothek zugänglich gewesen sind, daß mich also der Vorwurf der Indiskretion nicht trifft. Die Kommissionsprotokolle habe ich leider nicht einsehen können.

Erster Abschnitt.

Allgemeine Vorschriften.

§ 778. Sachen.

Als „Sachen" bezeichnet der Entwurf nur körperliche Gegenstände. Wenn nun aber, wie bei den Werthpapieren, ein unkörperliches Recht und ein körperlicher Gegenstand derart eng verbunden sind, daß sie eine einheitliche rechtliche Behandlung erfahren müssen? Der Entwurf schwankt hier grundsatzlos. In § 879 rechnet er die Inhaberpapiere zu den Sachen, in §§ 1036, 1226 zu den Rechten; die Orderpapiere gelten in § 1225 als Rechte. Wo der Entwurf eine besondere Bestimmung nicht enthält, ist man also rathlos. Erstreckt sich z. B. das gesetzliche Pfandrecht des Vermiethers auf Werthpapiere des Miethers? Hat derjenige, welcher ein verlorenes Lotterieloos findet, die Rechte und die Pflichten des Finders gemäß §§ 910 flg.?

§§ 789 flg. Zubehör.

Die Verkehrssitte ist für den Begriff des Zubehörs positiv entscheidend;[1] nicht blos, wie der Entwurf will, negativ, um einzelne Ausnahmen von dem Begriff festzustellen. — Nach dem Entwurf muß das Zubehör in ein seiner „Bestimmung entsprechendes äußeres Verhältniß zur Hauptsache gebracht" sein; wer dies Verhältniß herstellt, ist anscheinend gleichgültig. Schwerlich sachgemäß. — Der Zubehörbegriff ist nicht blos, wie es nach dem Entwurfe den Anschein hat, für die Auslegung von Rechtsgeschäften wichtig, sondern kommt auch für die gesetzlichen Pfandrechte, für das Verhältniß zwischen dem Eigenthümer und dem redlichen Besitzer u. s. f. in Betracht.

§ 792. Fruchtbegriff.

Als „Frucht" bezeichnet der Entwurf diejenige Ausbeute aus einer Sache, deren Gewinnung zur bestimmungsmäßigen Nutzung der Sache gehört. Nun ist die bestimmungsmäßige Nutzung z. B. eines Mastochsen das Schlachten, und die Ausbeute das Fleisch des Ochsen; dieses wäre

[1]) So auch Theilentwurf § 16.

also Frucht und könnte vom Nießbraucher des Ochsen ohne Wertherſatz behalten werden. Freilich zehrt diese Ausbeute die Substanz des Ochsen auf und man könnte denken, daß der Entwurf die Substanzerhaltung als selbstverständliche Bedingung des Fruchtbegriffes stillschweigend voraussetze. Indeß erklären die Motive S. 69 das Gegentheil; und in § 792 Nr. 2 wird bei einem Bergwerke die Ausbeute an Bodenbestandtheilen ausdrücklich zu den Früchten gezählt, obschon sie die Substanz des Bergwerkes gleichfalls aufzehrt. Es bleibt also dabei: die Frucht des Mastochsen ist — sein Fleisch (bezw. der dafür bezahlte Kaufpreis: § 792 Nr. 3). Daß dies verkehrt ist, liegt auf der Hand. — Warum ist in Nr. 2 gefordert, daß die Nutzung „bestimmungsmäßig" ist, während in Nr. 3 und bei den „Erzeugnissen" auch in Nr. 1 dies Erforderniß nicht gilt?

§ 794. Auseinandersetzung wegen der Früchte.

Der Entwurf gewährt dem abziehenden Nutznießer diejenigen natürlichen Früchte, „welche während der Zeit seiner Berechtigung von der Hauptsache getrennt werden". Handgreiflich unbillig. Denn der blinde Zufall, daß die Aufhebung des Nutzungsrechtes, z. B. der Tod des Nießbrauchers, in der Erntezeit sich um wenige Tage verzögert, kann hiernach für seine Erben einen Gewinn von vielen tausend Mark bedeuten.

Für das Verhältniß zwischen Verkäufer und Käufer mag diese Regel trotzdem passen: alle Unbilligkeiten, welche aus derselben folgen, können durch geeignete Bemessung des Kaufpreises oder durch geschickte Auswahl des Tages der Uebergabe ausgeglichen werden. Auch für das Verhältniß zwischen Eigenthümer und Pächter bezw. zwischen zwei aufeinander folgenden Pächtern wird die Regel erträglich sein, da die Pachtverträge an fest bestimmten, zur sachgemäßen Verrechnung geeigneten Tagen abzuschließen pflegen, und da bei der langen Dauer der Pachten etwaige Unbilligkeiten der Verrechnung nicht gar zu viel schaden. Unerträglich ist sie aber für die Fälle des Nießbrauches und des redlichen Besitzes.

Für diese Fälle schlage ich vor, die Auseinandersetzung auf die Erträge eines größeren Zeitabschnittes, z. B. eines Wirthschaftsjahres, zu beziehen, so daß der abziehende Nutznießer nach Verhältniß der Zeitdauer seines Nutzungsrechtes innerhalb dieses Abschnittes einen entsprechenden Bruchtheil jener Erträge erhält. Die Länge des Zeitabschnittes ist je nach der Art der fruchttragenden Hauptsache und auch nach örtlichen Eigenthümlichkeiten verschieden zu bemessen; für norddeutsche Landgüter ist er, nach Vorgang des preußischen Landrechtes, zweckmäßig auf ein Jahr vom 1. Juli ab festzusetzen. Hat etwa ein

Nießbrauch vom 1. September 1882 bis 15. Juni 1888 gedauert, so fällt an den Nießbraucher außer den Ernten von 1883/84—1886/87 noch $^5/_6$ der Ernte von 1882/83 und $^{23}/_{24}$ der Ernte von 1887/88. Man sieht, daß hier die Verlängerung des Nießbrauches um einige Tage nicht den unmäßigen Einfluß ausübt, wie bei der Berechnung des Entwurfes; allerdings hätte der Nießbraucher, falls sein Recht auch nur 14 Tage über den 1. Juli 1888 gedauert hätte, noch an der Ernte 1888/89 Theil genommen; aber nur genau der Dauer des Nießbrauches gemäß zu $^1/_{24}$. — Die Motive S. 73 halten meiner Berechnung entgegen, daß eine einheitliche Feststellung des Wirthschaftsjahres für ganz Deutschland unmöglich sei; der Motivenverfasser scheint in seinem Studium des Entwurfes nicht bis § 1009 gelangt zu sein; denn hier stellt der Entwurf selbst seine Berechnung auf das laufende Wirthschaftsjahr; und in der That ist nicht einzusehen, warum das Wirthschaftsjahr einheitlich festgestellt werden müßte. Die Motive meinen weiter, daß die oben vorgeschlagene Berechnung zu verwickelt sei. Allein auch der Entwurf kommt ohne Berechnung nicht aus; denn er ordnet die Erstattung derjenigen Verwendungen an, welche der Nutznießer auf die Hervorbringung der seinem Nachfolger verbleibenden Früchte gemacht hat, sofern die Verwendungen den Werth dieser Früchte nicht übersteigen.[1]) Der Entwurf erreicht also nicht einmal den einzigen von ihm erstrebten Vortheil, die Vermeidung von Rechnungsstreitigkeiten. Ja die Berechnung des Entwurfes ist nicht einmal einfacher als die meinige; denn auch nach dem Entwurfe ist im Fall einer Mißernte, um den Werth der Verwendungen einer=, der Früchte andererseits festzustellen, eine vollständige Wirthschaftsrechnung nöthig; und wenn der Nießbraucher mitten in der Weizenernte stirbt, wieviel von dem Inspektorgehalt, von den Arbeitslöhnen entfällt alsdann auf den schon abgeschlossenen Theil der Ernte? Der Entwurf hätte doch, wenn er eine sachgemäße Berechnung nicht will, den Knoten durchhauen und jede Berechnung ausschließen sollen, wie das französische und bezüglich des Nießbrauches auch das römische Recht es gethan. Der von ihm eingeschlagene Mittelweg ist unleidlich.

Gegen den Entwurf spricht außerdem, daß er seine Berechnung nicht auch auf sämmtliche Rechtsfrüchte entsprechend überträgt, sondern z. B. bei Mieth= und Pachtzinsen dem abziehenden Nutznießer einen „der Zeitdauer seiner Berechtigung entsprechenden Bruchtheil" gewährt. Was hat es für einen Sinn, daß der Nutznießer, dessen Befugniß vor der Ernte erlischt, die Ernte selbst verliert, dagegen im Falle der Verpachtung den

---

[1]) § 1009; vergl. § 936.

doch gleichfalls nur um der Ernte willen gezahlten Pachtzins antheilig erhält? Eine derart äußerliche, grundsatzlose Berechnung ist wahrlich eines deutschen Gesetzbuches nicht würdig!

Weit eher als die Berechnung des Entwurfes käme die des sächsischen Rechtes in Frage:[1]) dem abziehenden Nutznießer fällt diejenige Ernte zu, für welche er die Bestellungsarbeit geleistet hat. So sinnvoll aber diese Art der Auseinandersetzung ist, für das heutige Recht paßt sie nicht. Man kann davon absehen, daß sie zu schwierig ist, weil sie eine für jede Fruchtart getrennte Berechnung fordert, und daß sie zu viel Gewicht auf die der Ernte unmittelbar vorausgehende Bestellung legt, während doch auch die Bestellung der Vorjahre (Vorfrucht, Düngung u. s. f.) von größter Bedeutung ist. Der Grundfehler der sächsischen Berechnung ist vielmehr, daß sie den Antheil vernachlässigt, welcher bei der Fruchtziehung auf die fruchttragende Sache selber bezw. auf ihren Kapitalwerth entfällt: ob dies sich rechtsphilosophisch begründen läßt, kann hier unerörtert bleiben; zu dem heutigen Stande der Volkswirthschaft, zu der thatsächlich bestehenden Geltung des Kapitals stimmt die Auffassung keinesfalls. Wenn etwa der Nießbrauch an einem Acker den September und Oktober über bestanden und der Nießbraucher in dieser Zeit den Acker mit Roggen bestellt hat, soll alsdann wirklich der ganze Jahresertrag des Grundstückes den Erben des Nießbrauchers zufallen und der Eigenthümer für die zehn Monate seiner Besitzzeit leer ausgehen? Und soll diese Berechnung auch auf Früchte ausgedehnt werden, deren Fruchtperiode länger als ein Jahr dauert, z. B. bei Klee, bei Waldbäumen? Doch kann bei der von mir vorgeschlagenen Berechnung ein Zugeständniß an die sächsische Berechnung gemacht werden. In manchen Gegenden Deutschlands vergütet der anziehende Pächter dem Vorgänger den Werth, welcher nach einer „Halmtaxe" den stehenden Früchten am 1. Juli zukommt: dadurch wird dem abziehenden Pächter der Werth der letzten von ihm selbst bestellten Ernte nach Möglichkeit zugewendet. Dies ließe sich verallgemeinern. Nur müßte natürlich diese Berechnung nicht blos für den Abzug des Nießbrauchers oder redlichen Besitzers, sondern auch für seinen Anzug gelten, und es wäre deshalb auch für den dem Anzuge vorausgehenden 1. Juli eine Halmtaxe aufzustellen. Dies wird sehr oft unmöglich sein. Doch läßt sich Abhülfe schaffen, wenn beide Halmtaxen als übereinstimmend vermuthet werden. Nur in dem Falle, wo diese

[1]) Für diese tritt Gierke in dem Aufsatze: „Der Entwurf eines bürgerlichen Gesetzbuches und das deutsche Recht" (Schmollers Jahrb. f. Gesetzgeb., Verwalt. u. Volkswirthschaft Bd. XII S. 843 flg., 1179 flg., XIII S. 1 flg.) XIII S. 317 ein.

Vermuthung durch Gegenbeweis widerlegt werden kann, würde also dem abziehenden Nutznießer der Ertrag seiner letzten Bestellung einen besonderen Vortheil oder Nachtheil bringen. Ein Ergebniß, welches mir juristisch angemessen scheint. Das entscheidende Urtheil über diese Berechnung werden freilich die Landwirthe und nicht die Juristen fällen müssen.

Schließlich sei bemerkt, daß die von mir vorgeschlagene Berechnung (wenn ich von der zuletzt erwähnten Besonderheit absehe) dem preußischen Rechte und in der Hauptsache auch dem römischen Dotalrechte entspricht. Sie hat also das verhältnißmäßig größte Rechtsgebiet für sich. Das zweitgrößte Rechtsgebiet (römisches und französisches Recht) steht dem Entwurfe nahe; aber es versagt, wie schon erwähnt, dem Nießbraucher den Erstattungsanspruch für seine Bestellungskosten; stellt man sich einmal auf den Standpunkt der römischen Berechnung, so ist die Abweichung des Entwurfes verkehrt; nur im bayrischen und zum Theil im württembergischen Landrechte hat der Entwurf bezüglich derselben einen Vorgänger. Das kleinste, aber immerhin über 5 Millionen Einwohner umfassende Rechtsgebiet des sächsischen Gesetzbuches und des gemeinen Sachsenrechtes hält an dem altsächsischen Rechte fest, widerspricht also dem Entwurfe gleichfalls. Mithin bringt der Entwurf nicht blos ein schlechtes, sondern auch für den größeren Theil Deutschlands ein verschlechtertes Recht.

Falls die preußische oder sächsische Berechnung angenommen wird, so ist beiden Theilen das Recht zu geben, auf eigene Kosten für den Rest des Wirthschaftsjahres die Zwangsverwaltung der fruchttragenden Sache zu verlangen. Nicht geschmälert wird hierdurch das Recht, aus besonderen Gründen eine die Zwangsverwaltung anordnende einstweilige Verfügung zu erbitten: wichtig, weil die Kosten dieser besonderen Zwangsverwaltung nicht nothwendig den Antragsteller treffen.

§ 795. Auseinandersetzung wegen der Lasten.

Der Entwurf vertheilt unter zwei aufeinander folgenden Nutznießern die Lasten nach der Zeit ihrer Fälligkeit. Hat jemand also ein Haus 11 Monate redlich besessen, so zieht er nach § 794 $^{11}/_{12}$ der Jahresmiethe, braucht aber nach § 795 sämmtliche erst im zwölften Monate fälligen Lasten, z. B. die Gebäudesteuer, Gas- und Wasserabgaben für $^{1}/_{4}$, die Hypothekenzinsen für $^{1}/_{2}$, die Feuerversicherungsprämien für ein ganzes Jahr, nicht zu zahlen. Eine ganz unbegreifliche Regel, noch schlechter als die des § 794, weil sie nicht einmal für die Auseinandersetzung zwischen Verkäufer und Käufer paßt. Die preußische Berechnung gibt auch für die Vertheilung der Lasten einen brauchbaren Maßstab.

Zweiter Abschnitt.

Besitz und Inhabung.

1. Der „Besitz“[1]) entspricht im Entwurfe dem preußischen „vollständigen Besitz“ und, wenn man von den Fällen des „abgeleiteten“ Besitzes absieht, der römischen rei possessio: er setzt den „Willen des Inhabers, die Sache als die seinige zu haben“ (animus domini), voraus. Verfehlt. Denn Name und Begriff des Besitzes ist nun einmal über den engen Rahmen jener alten rei possessio hinausgewachsen, und es fehlt jeder Grund, ihn wieder in diesen Rahmen einzuspannen. Es ist einfach eine Vergewaltigung der Rechtssprache, wenn der Nießbraucher und Pächter nicht mehr als Besitzer bezeichnet werden darf. Und dafür, daß der Entwurf die Vergewaltigung versucht, folgt die Strafe auf dem Fuße. Denn er geräth in Verlegenheit, wie er nun die anderen besitzähnlichen Verhältnisse nennen soll, bei welchen der Wille, die Sache als eigene zu haben, fehlt, und es ist verwunderlich anzusehen, wie er ein jedes Mal, wo er diese Verhältnisse zu berühren hat, darüber stolpert[2]). Zwar gibt er sich den Anschein, als ob jene Verlegenheit gar nicht vorhanden wäre: er benennt den Besitz ohne den Eigenthümerwillen einfach „Inhabung“. Allein diese „Inhabung“ kann, wie alle Welt weiß, auch durch Stellvertreter ausgeübt werden, und dann ist der Vertretene eben nicht Inhaber, und da er auch nicht Besitzer genannt werden darf, erfreut er sich einer vollständigen Anonymität. Und doch ist dieser Fall gar nicht von erlesener Seltenheit, sondern sehr häufig: so wenn Pfandgläubiger oder Nießbraucher die ihrem Rechte unterliegenden Werthpapiere einem Bankier in Verwahrung geben, wenn ein Pächter eine Afterpacht eingeht u. s. f. Diesem Verhältniß gegenüber weiß sich der Entwurf vierfach verschieden zu helfen. Entweder widmet er ihm eine ausführliche Umschreibung in 19 Worten (§ 821 Abs. 2); oder er beläßt es bei der Bezeichnung „Inhabung“, erlaubt aber die entsprechende Anwendung der die Stellvertretung beim Besitz betreffenden Paragraphen, so daß wir das merkwürdige Verhältniß einer „Inhabung ohne Inhabung“ vor uns haben (§§ 983, 1147); oder er läßt, indem er nur von Besitzer und Inhaber spricht, das Verhältniß ganz außer Acht, so daß z. B. ein Nießbraucher ohne eigene Inhabung Dank seiner Anonymität wichtigen Pflichten entgeht (§§ 929, 931 flg.), aber freilich auch wichtige

[1]) Zum Theil stimmt mit dem Folgenden die Kritik Bährs, Krit. Viertelj.-Schrift Bd. 30 S. 481 flg., Gierkes XII, S. 860 flg., XIII, S. 277 flg., Wendts im Archiv f. ziv. Praxis Bd. 74 S. 135 flg. überein.

[2]) Siehe z. B. die Bemerkungen zu §§ 1036, 1166, 1168.

Rechte einbüßt (§§ 874 Abs. 2, 901 Abs. 2); oder endlich gibt er ihm kurz entschlossen doch den ihm sonst so eifrig vorenthaltenen Namen „Besitz", indem er wenigstens die zu seinem Schutze gewährte Klage „Besitzklage" nennt (§ 822). Das ist doch wahrlich eine Selbstquälerei erstaunlichster Art. Ich schlage vor, auf dieselbe Verzicht zu leisten.

Vielmehr ist der Name „Besitz" auf alle Verhältnisse auszudehnen, welche in eigener oder durch einen Stellvertreter geübten Gewahrsam bestehen. Soweit eine Unterscheidung nöthig, kann man den Besitz mit dem Eigenthümerwillen als „Eigenbesitz", jeden anderen Besitz aber als „Unterbesitz" [1]) bezeichnen. Dadurch werden mit einem Schlage alle vom Besitz sprechenden Regeln auch auf den Unterbesitz erstreckt: so kann z. B., was nach dem jetzigen Entwurfe zweifelhaft, der Pächter den Pachtbesitz (wichtig wegen § 901 Abs. 2) durch Bevollmächtigte erwerben und durch Anweisung oder Konstitut übertragen; einige Einzelheiten der folgenden Paragraphen (z. B. in § 798 das Wort „Eigenthum") sind freilich, weil für den Unterbesitz nicht passend, abzuändern.

2. Der Besitz setzt auch in der so erweiterten Bedeutung die (persönlich oder durch einen Stellvertreter geübte) Gewahrsam der Sache voraus. Daneben ist in gewissen Fällen, z. B. bei Grundgerechtigkeiten, auch ein Rechtsbesitz ohne Gewahrsam der Sache anzuerkennen. Doch ist dieser Rechtsbesitz, weil er ausschließlich für Grundstücke erheblich und vom Entwurf §§ 979, 1048 mit der Grundbucheinrichtung eng verquickt ist, hier nicht weiter zu verfolgen. Sachgemäß ist es jedenfalls, daß der Entwurf den von der Gewahrsam unabhängigen Rechtsbesitz als ein allgemeines, auf alle möglichen Rechte anwendbares Rechtsverhältniß nicht aufgenommen hat.

3. Auch bei der zu 1 vorgeschlagenen Ausdehnung des Besitzbegriffes unterscheidet sich derselbe immer noch von dem der Inhabung; denn manche Besitzer (z. B. der Eigenthümer eines verpachteten Grundstücks) sind nicht Inhaber. Wohl aber ist jeder Inhaber als solcher zugleich Besitzer. Doch muß man freilich den Begriff des Inhabers in einem gesetzgeberisch brauchbaren Sinne verstehen.

Der Begriff der Inhabung darf in dem künftigen Gesetzbuche nicht in rein körperlichem Sinne aufgefaßt werden, sondern ist in ähnlicher Weise zu „vergeistigen", wie der Begriff des Besitzes. Denn die Inhabung ist kein physikalischer, sondern ein Verkehrsbegriff. Wenn z. B. eine alte kranke Dame thatsächlich unter der unbedingten Herrschaft ihrer Köchin steht, so hat die Köchin „die thatsächliche Gewalt" über die

---

[1]) Nicht als „Rechtsbesitz", denn dieser Ausdruck paßt für die Gewahrsam des bloßen Verwahrers nicht. S. auch zu 2.

Wohnung, und doch ist nicht sie, sondern ihre Herrin die Inhaberin der Wohnung; wenn also der Herrin einmal die Geduld reißt und sie eine sie besuchende Verwandte bittet, die Köchin herauszuwerfen, so darf letztere (trotz § 815) sich nicht gewaltsam widersetzen oder (trotz § 819) ihre Rückkehr mit Besitzklage erzwingen. Ebenso schreibe ich, wenn ein Eigenthümer seinen Besitz durch einen Stellvertreter ausübt, die Inhabung nicht immer dem Stellvertreter, sondern häufig dem Eigenthümer selber zu.[1]) Ich unterscheide nämlich, ob der Stellvertreter die ihm übertragene Herrschaft in eigenem Namen übt oder nicht. In ersterem Falle ist der Stellvertreter selbst der Inhaber, z. B. der Pächter, der Faustpfandgläubiger; in letzterem Falle kommt dagegen die vom Stellvertreter geübte Gewalt weder rechtlich noch nach der Verkehrsauffassung als selbständige Herrschaft in Betracht, sie ist nichts als ein Hülfsmittel für die von dem Vertretenen geübte Gewalt und wird nur als Bestandtheil dieser Gewalt berücksichtigt; hier steht also die Gewahrsam bei dem vertretenen Besitzer und nicht bei seinem Stellvertreter; dies ist der Fall beim Verwalter eines Gutes, dessen Eigenthümer in der Stadt lebt, bei dem Vorstande einer Aktiengesellschaft, bei dem Diener, welcher die Wohnung des verreisten Herrn behütet. — Ich wiederhole, es kommt darauf an, ob der Stellvertreter in eigenem Namen handelt; ob er auch in eigenem Interesse thätig wird, ist gleichgültig. Denn dies Interesse ist als solches nicht äußerlich erkennbar. So wird der Gutsverwalter dadurch, daß er eine Tantième von dem Gutsertrage erhält, noch nicht Inhaber; und umgekehrt ist ein Bankier, welcher fremde Werthpapiere unentgeltlich in seinen Geschäftsräumen verwahrt, Inhaber, weil die äußeren Machtmittel, mit denen er die Verwahrung durchführt (der Geschäftsraum selbst, der Geldschrank u. s. f.), von ihm in eigenem Namen beschafft und also die Gewahrsam selbst in eigenem Namen, wennschon ohne eigenes Interesse geübt wird.

Hält man diese Ausführung für richtig, so ist es nicht genügend, wenn der Entwurf § 797 die Inhabung als die thatsächliche Gewalt über eine Sache bezeichnet. Vielmehr dürfte folgende Bestimmung den Vorzug verdienen:

> Gewahrsam ist diejenige thatsächliche Herrschaft, welche Jemand persönlich oder durch einen in seinem Namen handelnden Stellvertreter über eine Sache ausübt.

Man wende hierwider nicht ein, daß ich mit dieser Begriffsbestimmung das Wort „Gewahrsam" vergewaltige und daß ich in Ver-

[1]) Abw. Theilentw. § 53 (indem er als Gewahrsam die „unmittelbare" Beherrschung der Sache bezeichnet) und anscheinend Mot. S. 87.

legenheit gerathe, wie ich denn nun die unmittelbare körperlich geübte, rein physisch verstandene Gewalt über die Sache nennen soll. Diese Umdrehung der oben gegen den Besitzbegriff des Entwurfs erhobenen Einwendungen würde mich nicht treffen. Ich glaube nämlich, daß das Wort „Gewahrsam" schon jetzt in dem von mir gebrauchten Sinne verstanden wird. So darf z. B. der Gerichtsvollzieher nur solche Sachen pfänden, welche in der Gewahrsam des Schuldners oder eines zur Herausgabe bereiten Dritten befindlich sind;[1]) wenn nun ein Gerichtsvollzieher auf Grund eines gegen eine Aktiengesellschaft ergangenen Urtheiles in deren Geschäftsräumen eine Pfändung vornehmen will, wird er sicher den dort anwesenden Vorstand nicht als „Dritten" ansehen und fragen, ob er zur Herausgabe bereit ist; er wird sich nicht einmal daran kehren, daß der Vorstand die Herausgabe ausdrücklich verweigert, sondern wird ruhig pfänden; ebenso wird er auf Grund eines gegen einen Gutsbesitzer ergangenen Urtheiles Feldfrüchte auf dem Gute pfänden, selbst wenn dasselbe von einem Verwalter bewirthschaftet wird; der Gerichtsvollzieher nimmt also an, daß die Gewahrsam der Aktiengesellschaft, dem Gutsbesitzer, und nicht dem Vorstande, dem Verwalter zusteht. — Und eines eigenen Ausdruckes für die unmittelbare Sachherrschaft bedarf es gar nicht. Ich bemerke z. B., daß in dem Satze, „die Eigenthumsklage ist gegen jeden Inhaber zulässig", der Begriff des Inhabers ganz in dem von mir vertretenen Sinne verstanden werden muß. Denn ein Bedürfniß, die Klage auch gegen den Stellvertreter des Inhabers zuzulassen, besteht nicht; anderenfalls müßte man die Klage auch gegen andere Gehülfen der Gewahrsam, z. B. gegen den Inspektor und die Knechte eines unrechtmäßigen Gutsbesitzers, zulassen. Wie sich der Eigenthümer gegen diese Personen zu verhalten hat, braucht hier nicht ausgeführt zu werden.

Ich habe oben das Wort „Inhabung" durch das bessere „Gewahrsam" ersetzt. Ich gebrauche letzteres Wort absichtlich in weiblichem,[2]) nicht, wie die Reichsgesetze,[3]) in männlichem Geschlecht; meinem Sprachgefühl nach ist „der" (oder „das") Gewahrsam der Raum, in welchem ich eine Herrschaft („die Gewahrsam") ausübe.

§ 798. Möglichkeit des Besitzes.

An Sachen außerhalb des Verkehres schließt der Entwurf zwar den Besitz, nicht aber die Gewahrsam aus. Wer also widerrechtlich die

[1]) Civilprozeßordnung §§ 712 ff.

[2]) So auch preuß. A. L. R. I, 7 § 1.

[3]) H. G. B. Art. 313, C. P. O. § 712.

Gewahrsam einer solchen Sache gewinnt, z. B. einen öffentlichen Platz für sich einzäunt, wird gegen Störungen Dritter possessorisch geschützt.[1]) Mir scheint dies recht verkehrt.

§§ 800 flg. Besitzerwerb.

Im Allgemeinen römisches Recht. Wichtige Abweichungen sind: die Stellvertretung beim Besitzerwerbe ist in gleichem Umfange zulässig wie beim Erwerbe anderer Rechte; beim Konstitut ist ein besonderer Rechtsgrund dafür nöthig, daß der Veräußerer die Gewahrsam behält; der Besitz ist vererblich (§§ 801, 805, 2054).

1. § 802 kann fortfallen, sobald die künstlichen Regeln in §§ 812, 813 Abs. 2 beseitigt werden.

2. Uebergabe. (§ 803.) Zur eigenen Qual hat der Entwurf[2]) dem Worte „Uebergabe" einen besonderen engen Sinn beigelegt: Uebergabe heißt nur die „konsensuale Uebertragung des Eigenbesitzes". In den Fällen also, in welchen der Unterbesitz konsensual übertragen wird, also etwa wenn ein Schuldner seinem Gläubiger ein Pfand aushändigt, sieht der Entwurf von dem Wort „Uebergabe" ab und gebraucht eine langathmige Umschreibung.[3]) Da aber Kunstausdrücke zur Erleichterung und nicht zur Erschwerung des Sprachgebrauchs da sind, schlage ich vor, dem Worte Uebergabe seinen natürlichen Sinn zu belassen. Bezeichnend ist, daß sogar die Motive S. 800, 801 von dem Kunstausdrucke nichts wissen wollen und harmlos von einer Uebergabe des Pfandes reden. Und sogar der Entwurf spricht in § 1225 von einer „Uebergabe des indossirten Papieres", obschon mindestens im Falle eines Prokura-Indossaments der Indossatar nur den Unter-, nicht den Eigenbesitz des Papieres erlangt. Richtig verstanden bedeutet aber auch bei Inhaberpapieren oder Orderpapieren mit Vollindossament die Aushändigung nicht immer eine Uebertragung des Eigenbesitzes; der Entwurf sollte also auch diese Aushändigung (vergl. §§ 1037, 1210, 1216) nicht Uebergabe nennen.

3. Uebergabe durch Versendung, siehe zu § 874 Nr. 2.

4. Uebergabe durch Anweisung (§ 804). Befindet sich eine Sache in der Gewahrsam eines Dritten, so ist zur Besitzübergabe er-

---

[1]) Anders Theilentw. § 4 und Mot. dazu Bd. 1 S. 363.

[2]) Der Theilentw. § 434 hat diese Erfindung noch nicht.

[3]) §§ 983, 1147, 874 Abs. 2, 3. In § 1210 werden „die Uebergabe einer Sache" und „die Ueberlassung der Inhabung einer Sache" sogar als ganz verschiedene Dinge nebeneinandergestellt.

forderlich, daß der Besitzer den Inhaber anweist, fortab die Gewahrsam für den Erwerber auszuüben, und daß sowohl der Erwerber wie der Inhaber diese Anweisung (mindestens stillschweigend) annehmen. Beseitigt ist der preußische Satz, daß der Besitz schon mit der Annahme der Anweisung durch den Erwerber übergeht, die Annahme durch den Inhaber also unnöthig ist. Ich halte die Regel des Entwurfes für zweckmäßig.[1]) Nur muß man sich klar machen, daß in Folge derselben der Eigenthümer eines vermietheten Klavieres oder eines verpfändeten Staatsschuldscheines diese Sachen nur mit Erlaubniß des Inhabers veräußern kann, und daß es kein Rechtsmittel gibt, um den Inhaber zur Ertheilung der Erlaubniß zu zwingen. — Hat der Inhaber über die Sache ein Konnossement u. dergl. ausgestellt, so wird die Anweisung durch Uebergabe des Konnossements ersetzt, ohne daß eine Anzeige an den Inhaber nöthig ist. Dies wird bei Umarbeitung des Handelsgesetzbuches klarzustellen sein.

5. Uebergabe durch Konstitut (§ 805). Der Entwurf hält das Konstitut für rechtswirksam nur, wenn „der Besitzer auf Grund eines zwischen ihm und dem Anderen bestehenden besonderen Rechtsverhältnisses befugt oder verpflichtet ist, die Sache als Inhaber zu behalten". Es genügt also nicht, daß nach der klaren Absicht der Parteien der Erwerber den Besitz erlangen und der bisherige Besitzer ihn in der Inhabung vertreten soll; vielmehr ist das „besondere" Rechtsverhältniß, der besondere Rechtsgrund darzuthun, auf welchem die Belassung der Sache beim Veräußerer beruht. Mißlingt dieser Beweis, so ist die Besitz- und damit auch die etwa beabsichtigte Eigenthumsübertragung ungültig. Dies trifft zu, wenn die Parteien über den Rechtsgrund uneinig gewesen sind, z. B. der Veräußerer annahm, er dürfe die veräußerte Sache unentgeltlich gebrauchen, während der Erwerber ihm nur die Verwahrung ohne Gebrauchsbefugniß oder die Gebrauchsbefugniß nur gegen Zahlung von Miethe überlassen zu haben glaubte; ebenso wenn die Parteien thatsächlich einig waren, aber die besondere Art des von ihnen vereinbarten Rechtsgrundes nicht beweisen können. — Die Zweckmäßigkeit dieser Regel bestreite ich nachdrücklich.[2]) Wenn bei allen anderen dinglichen Verträgen von Angabe und Nachweis des Rechtsgrundes abgesehen wird, fehlt jeder Anlaß, gerade beim Konstitut eine Ausnahme zu machen. Die Motive S. 89 sagen freilich zur Rechtfertigung, daß das Behalten der Sache

---

1) So auch Wendt S. 164. Abw. Gierke XIII S. 282, Bähr S. 498. Vergl. aber unten zu § 878.

2) Ebenso Bähr S. 492, Gierke XIII S. 284. Abw. anscheinend Wendt S. 165.

seitens des Tradenten in einem gewissen Widerspruche zu der Erklärung der Besitzveräußerung stehe. Unverständlich. Wenn der Veräußerer die Sache für sich selbst als sein eigen innegehabt hat, jedoch fortab für den Erwerber als dessen eigen innehaben will, wo steckt da in aller Welt der „gewisse Widerspruch"?

Allerdings sprechen gewisse thatsächliche Bedenken gegen das Konstitut: dasselbe ermöglicht eine Umgehung der wichtigen vom Entwurfe mit vollem Recht aufgestellten Regel, daß bewegliche Sachen nur faustpfandweise, also unter Aufgabe der Gewahrsam seitens des Schuldners, verpfändet werden dürfen. Aber wird diese Umgehung etwa dadurch verhindert oder auch nur erheblich erschwert, daß das Gesetz beim Konstitut den Nachweis des Rechtsgrundes für erforderlich erklärt? Nicht im geringsten. Denn es ist überaus leicht, dem gesetzlichen Erforderniß zu genügen; als Rechtsgrund des Konstituts genügt ja ein Mandat, ein Verwahrungsvertrag, ein Prekarium; solche Rechtsgründe sind aber spielend zu beschaffen. Und gesetzt auch, daß, wenn die Parteien zum Nachweise des Rechtsgrundes gezwungen werden, in dem einen oder anderen Falle das Gericht die Ueberzeugung gewinnt, die Parteien haben lediglich eine Umgehung jener pfandrechtlichen Regel beabsichtigt; auch hiermit ist nicht das Mindeste gewonnen. Denn der Entwurf, welcher so eifrig bemüht ist, der Gesetzesumgehung auf die Spur zu kommen, weiß, wenn er die Spur entdeckt hat, nichts mit seiner Entdeckung anzufangen: nirgends erklärt er die Gesetzesumgehung für unwirksam. Nur für Pfandgeschäfte, welche zum Schein das Gewand einer Eigenthumsübertragung angenommen, ist im Entwurfe die Ungültigkeit ausgesprochen; jeder Praktiker weiß aber, daß gerade im Gebiete der Verpfändungen wirkliche Scheingeschäfte fast gar nicht vorkommen. Dagegen sind die ernstlichen, jedoch auf eine Umgehung des Gesetzes und einen Mißbrauch der gesetzlichen Formen gerichteten Geschäfte sehr häufig, und deren Unwirksamkeit wird von den Motiven S. 337 sogar ausdrücklich abgelehnt. Man sieht: der Entwurf macht einen großen Anlauf, um ein Hinderniß zu nehmen, welches sich seinem Pfandrechtssystem entgegenstellt, macht aber dicht vor dem Hinderniß Kehrt. Aehnlich könnte ein Wuchergesetz mit drakonischer Strenge von allen Gläubigern, welche sich mehr als 4 Prozent Zinsen versprechen lassen, den Nachweis des Grundes fordern, aus welchem sie dies gethan, und wenn sich nun kraft dieses Nachweises der schnödeste Wucher herausstellt, das Geschäft — für vollwirksam und straffrei erklären!

Ich bin geneigt, Gesetzesumgehungen der hier besprochenen Art strenger entgegenzutreten als der Entwurf. Ich würde deshalb einfach vorschlagen, alle Geschäfte, durch welche einem Gläubiger zum Zwecke der Sicherung einer ihm zustehenden Forderung ein dingliches Recht an einer beweglichen Sache vorbehalten oder übertragen wird, nach den Regeln des Faustpfandrechtes zu behandeln.

Alsdann ergibt sich die Unwirksamkeit des Konstituts gemäß § 1147 von selber. Aber auch der einfache Kunstgriff, daß der Schuldner dem Gläubiger die Sache körperlich aushändigt und sofort wieder zurückerhält, wäre unwirksam, weil gemäß § 1191 das Pfandrecht durch Rückgabe des Pfandes an den Schuldner erlischt und das lediglich zu Pfandzwecken übertragene Eigenthum nach meinem Vorschlage das gleiche Schicksal erleidet; der Entwurf ist dagegen diesem plumpen Kunstgriff gegenüber machtlos, seine Regel betrifft ausschließlich das reine Konstitut. Andererseits ist mein Vorschlag milder wie der des Entwurfes. Denn der Entwurf erschwert wegen der Schleichwege, zu welchen das Konstitut benutzt werden **kann**, die Erfordernisse aller, auch der harmlosesten Konstitute, während ich das Konstitut erst dann ungünstiger behandele, wenn die Mißbräuchlichkeit seiner Anwendung nachgewiesen ist.

Durch diesen Vorschlag wird auch der Möbelleihvertrag sachgemäß getroffen, während der Entwurf keine Regelung desselben enthält. Der Eigenthumsvorbehalt zu Gunsten des „Möbelverleihers" hat lediglich den Zweck, diesen für den ausstehenden, in Theilbeträgen einzuzahlenden Kaufpreis sicherzustellen, und hat deshalb, da der Schuldner die Gewahrsam der Möbel erhält, in entsprechender Anwendung von § 1147 keine dingliche Wirkung. Ebenso nehme ich an, daß die so häufige Abrede, bei Zahlungsverzug des Entleihers sollen dessen sämmtliche Rechte verwirkt und die Möbel dem Verleiher verfallen sein, durch das Verbot der pfandrechtlichen lex commissoria mitgetroffen ist.

Abs. 2 ist besser durch eine allgemeine Regel zu ersetzen. Eine Besonderheit gerade des Konstituts liegt hier gar nicht vor.

Weitere Bemerkungen über das Konstitut siehe zu §§ 813, 874, 879, 1037.

6. Vererbung des Besitzes. An Stelle des § 2054, der sich einer wahrhaft abschreckenden Fassung erfreut, ist hier der Satz einzuschalten, daß der Besitz durch Tod des Inhabers oder Besitzers nicht aufgehoben wird. Auf die nähere Rechtfertigung dieses Satzes — welcher absichtlich die Person dessen, auf welchen Gewahrsam und Besitz übergeht, verschweigt — kann hier nicht eingegangen werden: er gehört in's Erbrecht.[1])

---

[1]) An den in meiner Abhandlung „Der Besitz des Erben" (Weimar, 1877) gemachten Ausführungen halte ich nur theilweise noch fest.

§§ 807 flg. Verlust des Besitzes.

Auch hier die römischen Regeln. Zwei Abweichungen sind die folgenden:

1. Der Besitz eines Grundstückes wird durch Besitzhandlungen eines Anderen nicht beendigt, wenn der bisherige Besitzer sofort nach erlangter Kenntnißnahme die thatsächliche Gewalt sich wieder verschafft. Dieser Rechtssatz gibt eine ähnliche Regel des römischen Rechtes in etwas abgeschwächter Form wieder. Ich würde sie ganz streichen. Man mag für jeden einzelnen Besitzvortheil prüfen, ob er nicht dem widerrechtlich seines Besitzes Beraubten belassen werden kann; aber durch eine allgemeine Regel zu fingiren, daß sein Besitz selbst noch fortdauere, ist grundlose Willkür. Sie führt nothwendig zu Verwickelungen: so würde z. B., so lange der frühere Besitz fortdauert, gemäß § 802 der widerrechtliche Erwerber des Grundstückes nicht Besitzer, sondern nur Inhaber sein und deshalb, auch wenn er persönlich gutgläubig ist, doch die Früchte des Grundstückes nicht erwerben; umgekehrt würde er aber, wenn er schlechtgläubig ist, auch aus § 931 nicht haften.

2. Viel bedenklicher noch ist § 813 Abs. 2. Hiernach soll der durch einen Stellvertreter geübte Besitz, so lange der Stellvertreter die Inhabung behält, dem Besitzer nur durch eine an ihn gerichtete Erklärung entzogen werden, nicht aber z. B. durch ein Konstitut, in welchem der Inhaber die Sache einem Dritten übereignet. Hier wird also eine thatsächliche Macht, welche lediglich auf dem Gehorsam des Stellvertreters beruht, als fortdauernd gedacht, obschon an Stelle des Gehorsams einfacher Ungehorsam getreten ist. Daß dies reine Fiktion ist, liegt auf der Hand; ebenso daß wenigens für bewegliche Sachen die Fiktion neu erfunden ist;[1]) mit Unrecht behaupten die Motive S. 107 für das preußische Recht das Gegentheil.[2]) Die Motive S. 108 rechtfertigen die Regel damit, daß der Besitzer gegen den ungehorsamen Inhaber keinen Besitzschutz habe und deshalb zu schwer benachtheiligt würde, wenn er durch eine ihm nicht mitgetheilte Handlung des Inhabers den Besitz verlieren sollte. Mit anderen Worten: der Entwurf hat einen Fehler gemacht und muß nun, um dessen nachtheilige Folgen zu mindern, einen zweiten Fehler hinzufügen: der Entwurf nimmt dem Besitzer den ihm gebührenden

---

[1]) Der Theilentwurf kennt die Erfindung noch nicht.

[2]) Allerdings wird ein Konstitut des Inhabers nirgends erwähnt, aber das Gleiche gilt auch für die körperliche Uebergabe. Die entscheidende Stelle ist §§ 122, 51 A. L. R. I, 7. Nur wenn der dritte Erwerber schlechtgläubig ist, erlangt er keinen Besitz; aber auch für diesen Fall gilt bei der körperlichen Uebergabe die gleiche Regel.

possessorischen Schutz und tröstet ihn ob seiner Ohnmacht damit, daß er seine Gewalt über die Sache als fortdauernd — fingirt.

§§ 814 flg. Besitzschutz.

1. Derselbe besteht darin, daß dem Inhaber gegen jeden eigenmächtigen Eingriff in die Gewahrsam („verbotene Eigenmacht") die Selbsthülfe erlaubt und eine Besitzklage gegeben wird.

2. Beide Schutzmittel werden dem Inhaber als solchem, also sogar dem Verwahrer ohne eigenes Interesse gegeben. Sachgemäß, denn jede Besitzstörung verletzt nicht blos den durch den Inhaber vertretenen Eigenbesitzer, sondern zugleich den Inhaber persönlich. Und zwar beruht der Besitzschutz des Inhabers auf dessen eigenem Rechte[1]) und ist nicht etwa aus dem Rechte des Eigenbesitzers abgeleitet. Er bezieht sich deshalb auch auf solche Störungen, welche der Eigenbesitzer erlaubt hat oder welche von ihm selber ausgehen. Wenn ich z. B. bei einem zufälligen Besuch im Geschäftszimmer meines Anwaltes heimlich Akten fortnehme, welche der Anwalt dort für mich verwahrt, so ist dies verbotene Eigenmacht.

3. Schlechter als der Inhaber ist nach dem Entwurfe der Besitzer gestellt, welcher sich der Inhabung entäußert hat.

a) Das Recht der Selbsthülfe fehlt ihm ganz. Ich halte dies für angemessen bei Störungen, die von dem Inhaber ausgehen, d. h. wenn der Inhaber die Grenzen der ihm vom Besitzer übertragenen Macht überschreitet, z. B. ein Nießbraucher holzt einen ganzen Wald ab, ein Miether weigert sich, nach Ablauf der Miethszeit die Wohnung zu räumen. Denn ich meine, mit der Uebertragung der Gewahrsam an den Inhaber hat der Besitzer sich des Rechtes der Eigenmacht gegen diesen begeben. Insoweit ist die Gewahrsam unbeschränkbar, nach Zeit und Inhalt. Dagegen würde ich dem Besitzer die Selbsthülfe gegen Dritte nicht versagen. Warum soll z. B. der Vermiether eines Hauses nicht eigenmächtige Uebergriffe der Nachbarn gewaltsam abwehren können?

b) Die Besitzklagen gewährt der Entwurf dagegen auch dem Besitzer ohne Inhabung. Doch sind diese seine Klagen nicht selbständiger Art, sondern aus dem Rechte des Inhabers abgeleitet. Der Besitzer ist also nur klagberechtigt, wenn auch der Inhaber klagberechtigt ist: deshalb fällt die Besitzklage bei allen Besitzstörungen fort, welche der Inhaber genehmigt hat oder welche vom Inhaber selbst verübt werden. Eine künstliche und unzweckmäßige Erfindung.[2]) Beispiel: Ein Gutspächter gestattet

---

[1]) Abw. Theilentw. § 83. Vergl. freilich ebenda § 72 Abs. 4.

[2]) Der Theilentw. § 83 gab gerade umgekehrt dem Inhaber eine aus dem Recht des Besitzers abgeleitete Klage und schloß zwischen dem Besitzer

bei Ablauf der Pacht, daß der ihm befreundete Nachbar eine zum Pachtgrundstück gehörige Wiese in Besitz nimmt; der Verpächter muß sich alsdann, mag er nun vom Nachbarn mit der Eigenthums- oder der Bereicherungsklage die Rückgabe der Wiese verlangen, jedenfalls alle petitorischen Einreden gefallen lassen: die Besitzklage ist ihm versperrt. Oder A. hat ein Grundstück als Nießbraucher innegehabt und Jahre lang den B. als gesetzlichen Erben des früheren Eigenthümers anerkannt; plötzlich beginnt er das Wohnhaus abzubrechen und erklärt, als B. dies verbietet, daß er selber der Erbe des Eigenthümers sei: auch hier muß B., wenn er den A. verklagt, sich trotz seines Besitzes die weitläufigste Anfechtung seines Erbrechtes gefallen lassen; die possessorische Klage ist ihm verwehrt. Natürlich kann in Fällen dieser Art dem Kläger durch eine einstweilige Verfügung geholfen werden, und die Versagung der Besitzklage benachtheiligt ihn alsdann wenig. Allein dies ist eine unsichere Hülfe und jedenfalls ein Umweg; sonst könnte ja das Gesetz die Besitzklagen ganz aufheben und den Besitzer stets auf die einstweilige Verfügung verweisen. Richtig ist es vielmehr, auch in Fällen dieser Art die Besitzklage nicht zu versagen. Alles, was die Motive S. 87, 127 dem entgegen vorbringen, ist bloße Theorie, auf die willkürlichsten Voraussetzungen gebaut: sie finden einen Widerspruch darin, daß der Besitzer gegen den von ihm bestellten Inhaber soll possessorisch klagen können, nachdem dem Inhaber selber der Interdiktenschutz verliehen ist; mit der gleichen Logik könnte man sagen: seitdem dem Nießbraucher eine dingliche Klage gegeben, kann der Eigenthümer, welcher den Nießbrauch bestellt hat, ihn nicht mehr mit dinglicher Klage belangen! — Nach dem Entwurfe fehlt ferner jeder Besitzschutz, wenn die Inhabung an einer Sache erloschen ist, der Besitz aber fortdauert: ein Pächter verzichtet z. B. schuldenhalber auf die Pacht und verläßt, ohne für einen Vertreter zu sorgen, das Gut; die Zwischenzeit, bis der Eigenthümer die Inhabung ergreift, benutzen die Nachbarn zu eigenmächtigen Eingriffen in das verlassene Gut. — In anderer Beziehung geht es wieder zu weit, daß der Eigenbesitzer alle dem Inhaber zustehenden Besitzklagen ausüben darf; denn manche betreffen ja eine Störung, die den Eigenbesitzer gar nicht berührt: z. B. ein Nießbraucher hat die Nießbrauchsache verpachtet und stört seinen eigenen Pächter im Pachtbesitz; hat es wohl einen Zweck, daß eine Störung dieser Art auch vom Eigenbesitzer gerügt werden darf?

4. Mitinhaber untereinander sind sowohl zur Eigenmacht wie zur Besitzklage berechtigt (§ 817); ein Gleiches wird für Mitbesitzer ohne

---

und dem „Inhaber im eigenen rechtlichen Interesse" die Besitzklage beiderseits aus.

Inhabung festzusetzen sein, z. B. wenn nach Ablauf der Pachtzeit einer der Verpächter das Pachtgut ausschließlich für sich in Anspruch nimmt und dem Genossen den Zutritt verwehrt. — Der Umfang des Besitzschutzes[1]) ist deutlicher zu bezeichnen, als in § 817 geschehen.

5. Ein bloßer Gehülfe in der Gewahrsam, z. B. ein Stellvertreter der S. 10 genannten Art, genießt keinen Besitzschutz.[2]) So kann der Gutsherr seinen Verwalter jederzeit eigenmächtig aus dem Gute herausweisen, nicht aber umgekehrt der Verwalter den Gutsherrn. Dieser Satz wird sofort zweifellos, sobald der S. 10 gemachte Vorschlag angenommen wird. Wie der Entwurf und die Motive darüber denken, ist dunkel. — Hierher gehören auch manche Fälle, in welchen dem Anscheine nach Mitinhabung vorliegt. So ist ein Gutsinspektor bezüglich der Inspektorwohnung nicht Mitinhaber oder gar alleiniger Inhaber; vielmehr gehört nach der Verkehrsauffassung die Wohnung nicht ihm, sondern er wohnt beim Gutsherrn; er hat also keinen Besitzschutz gegen letzteren.

6. Die Selbsthülfe ist in § 815, die Besitzklage in §§ 819 bis 824 näher geregelt. Die Besitzklage ist doppelter Art; die eine entspricht dem interdictum unde vi (wegen Besitzentziehung), die andere dem uti possidetis (wegen Besitzstörung). Nur umfaßt die erstere Klage auch die Fälle heimlicher Besitzentziehung. Eine dem interdictum de precario entsprechende Klage ist nicht aufgestellt. Petitorische Einreden sind ausgeschlossen, selbst wenn sie sofort glaubhaft gemacht werden. Die Klage geht nur auf Wiederherstellung des früheren Zustandes, nicht auf Schadenersatz; doch kann auch der Inhaber als solcher auf Grund von §§ 814, 704 Schadenersatz verlangen,[3]) sofern der Eingriff in seine Gewahrsam schuldhaft war; gegen diese Schadenersatzklage sind aber petitorische Einreden zulässig.

7. Die Besitzklage wegen Entziehung geht nach dem Entwurfe nur gegen denjenigen, welcher die Gewahrsam durch verbotene Eigenmacht erlangt hat, seine Erben, und falls er „bei Erlangung der Inhabung die Fehlerhaftigkeit der Inhabung seines Vorgängers gekannt hat", auch gegen den Einzelnachfolger (§ 818). Dies reicht nicht aus. Vielmehr muß die Besitzklage in ähnlichem Umfange zulässig sein, wie nach meinen Vorschlägen zu § 929 die Eigenthumsklage. Sie unterscheidet sich von letzterer nur durch den Ausschluß petitorischer Einreden und dadurch, daß sie eine „verbotene Eigenmacht", wenn schon nicht gerade eine ver-

[1]) Gierke XIII, S. 288.

[2]) Außer kraft Vollmacht oder auftragloser Geschäftsführung Namens des Besitzers (C. P. O. § 85). Ebenso Wendt S. 142.

[3]) Mot. S. 110. Abw. Wendt S. 177.

botene Eigenmacht des Beklagten, als Klagegrund voraussetzt. Beispiel: Drei Nachbarn, A., B., C., streiten um einen Grenzacker; A. ist im Besitz, B. vertreibt ihn mit Gewalt, und während A. mit seinem Anwalte über Anstellung der Besitzklage gegen B. verhandelt, wird letzterer von C. herausgeworfen; hier muß A. gegen C. die Besitzklage erheben können.

8. Nach §§ 819, 820, 824 ist derjenige, welcher eine andere Person durch verbotene Eigenmacht aus der Gewahrsam gedrängt hat, ein volles Jahr hindurch den Gegenangriffen dieser Person ausgesetzt, ohne ihnen mit der Besitzklage begegnen zu dürfen: denn seine Besitzklage wird durch die Einrede entkräftet, daß er diesem Beklagten gegenüber „fehlerhaft innehabe" (exceptio vitii). Sehr bedenklich. Freilich ist dem gewaltsam verdrängten Gegner ein eigenmächtiger Gegenangriff auf frischer That (oder wenigstens sofort, nachdem er seine Verdrängung erfahren hat) wohl zu gestatten, und der Kläger kann diesen Gegenangriff auch nicht mit der Besitzklage bekämpfen; insoweit ist die exceptio vitii gerechtfertigt; allein insoweit ist sie, auch ohne besondere Anordnung, selbstverständlich; denn die Besitzklagen beziehen sich nur auf „verbotene" Eigenmacht; die Selbsthülfe auf frischer That ist aber in § 815 ausdrücklich erlaubt. Hat dagegen der verdrängte Gegner die kurze in § 815 gesetzte Frist versäumt, so ist die Selbsthülfe ihm mit Recht verboten. Schon um des öffentlichen Friedens willen ist es nicht zu dulden, daß, nachdem eine Partei die andere gewaltsam aus der Gewahrsam gedrängt hat, fortab ein volles Jahr hindurch das Faustrecht zwischen ihnen herrschen soll, ein volles Jahr hindurch der Sieger durch seinen verdrängten Gegner straflos belästigt werden darf. Vielmehr muß sich der Sieger solcher Belästigungen mittels Besitzklage erwehren können: die gegen verspätete Selbsthülfe gerichtete Besitzklage darf also nicht an der exceptio vitii scheitern.[1]) — Andererseits verwirkt der verdrängte Besitzer dadurch, daß er sich mittels verspäteter Selbsthülfe den Besitz gewaltsam wieder verschafft, seine eigenen Besitzrechte nicht; er wäre also auf die Besitzklage des Gegners zwar zur Herausgabe der Sache zu verurtheilen, könnte aber alsbald, gleichfalls mit Besitzklage, die Sache zurückfordern. Allein die Weiterung, welche eine solche zwiefache Besitzklage anscheinend mit sich bringt, wird einfach dadurch vermieden, daß der Beklagte der Besitzklage des Gegners statt der exceptio vitii eine Widerklage entgegenstellt; und diese Widerklage ist dem Beklagten selbstverständlich zu gestatten. Der Unterschied zwischen einer derartigen Widerklage und der Einrede fehlerhafter Innehabung ist: 1. daß der Wider-

---

[1]) Ebenso Bähr S. 490, Wendt S. 147.

kläger, falls er auf die Hauptklage hin verurtheilt wird, einen Theil der Prozeßkosten trägt, mag er auch mit der Widerklage durchdringen; 2. daß auf die Klage ein Theilurtheil erlassen werden kann, falls die Widerklage den Prozeß verzögert; 3. daß endgültiger Friede hergestellt wird und nicht, wie bei einer bloßen Abweisung der Besitzstörungsklage, das Faustrecht einfach fortdauert. Sämmtliche Unterschiede sind angemessen und zeigen, daß die Widerklage in der That vor der Einrede den Vorzug verdient.

9. Die Besitzklage und die Einrede fehlerhafter Innehabung ist an eine einjährige Frist gebunden (§ 824). Ich schlage vor, auch für die Selbsthülfe die gleiche Frist aufzustellen.

10. Im Verlaufe der Vorberathung des Entwurfes ist nacheinander der Vorschlag gemacht, die Besitzklagen für unbewegliche[1]) bezw. für bewegliche Sachen[2]) abzuschaffen. Mit Recht ist der eine wie der andere Vorschlag abgelehnt. Denn der Grundgedanke der Besitzklage liegt in dem Satze: spoliatus ante omnia restituendus est, und dieser Satz paßt für bewegliche Sachen ebensogut wie für unbewegliche. Und wenn gesagt wird, daß für Grundstücke die Einrichtung des Grundbuches den Rechtsschutz des Eigenthümers ausreichend beschleunige und deshalb für Besitzklagen kein Bedürfniß sei, so ist dies unrichtig. Was hilft das Grundbuch dem im Pachtbesitz gestörten Pächter? Was hilft es dem Eigenthümer gegen Grenzverletzungen, wenn das Grundbuch über die Grenzen keine Auskunft gibt? Was hilft das Grundbuch, wenn der Gegner weitläufige petitorische Einreden vorbringt?

Abschnitt 4. Titel 3.

Erwerb des Eigenthums an beweglichen Sachen.

I. Uebertragung durch Rechtsgeschäft.

§ 874. Besitzübergabe.

1. Zur Uebereignung beweglicher Sachen fordert der Entwurf die Besitzübergabe. Dies entspricht der Mehrzahl der in Deutschland geltenden Rechte und ist sachlich zweckmäßig.[3])

---

[1]) Ursprünglicher Vorschlag des Berichterstatters für das Sachenrecht. S. Mot. zum Theilentw. Bd. 1 S. 442.

[2]) Theilentw. §§ 77 flg.

[3]) Ebenso Gierke XIII S. 311.

Zweckmäßig nicht, wie oft behauptet wird, weil die Besitzübergabe den Eigenthumswechsel erkennbar macht; denn als Uebergabe genügt auch das Konstitut, und dieses ist nicht erkennbarer als der schlichte Uebereignungsvertrag. Vielmehr ist die Besitzübergabe um deswillen zu fordern, weil dadurch dem Nichtbesitzer die Uebereignung unmöglich wird: nur wer thatsächlich kraft eigener Gewahrsam als Herr der Sache erscheint, oder wer von dem dritten Inhaber als der Herr der Sache anerkannt wird, darf über die Sache dinglich verfügen. Durch die dingliche Verfügung wird die Sache selbst und nicht blos die Person des Verfügenden gebunden. Deshalb ist das Recht, welches Jemand kraft dinglicher Verfügung an der Sache erwirbt, von den persönlichen Verpflichtungen des Verfügenden unabhängig. Die dingliche Verfügung hebt also die Sache aus dem Kreise der persönlichen Rechtsbeziehungen des Verfügenden heraus, in gewissem Sinne zerreißt sie diese Rechtsbeziehungen: alle, denen der Veräußerer früher einmal die Sache zugesagt, denen er ein Pfandrecht daran versprochen, alle, welche sonst, etwa wegen eines vom Veräußerer verübten Betruges, ein persönliches Recht auf Hingabe der Sache haben, alle Gläubiger des Veräußerers, welche ihm im Vertrauen auf den einstigen Zugriff an die Sache Kredit gewährt haben, — dem neuen Erwerber gegenüber sind sie rechtlos. Ich meine nun, daß es ein gesunder Gedanke ist, nur dem thatsächlichen Herrn über die Sache, nur dem Besitzer die Macht solcher dinglichen Verfügung zu gewähren. Verfügt der Nichtbesitzer über die Sache, so ruht die Verfügung auf seinem bloßen Wort; mit dem bloßen Wort kann er nur seine eigene Person, nicht die Sache binden, kann er nicht willkürlich einem der Gläubiger ein Recht verleihen, welches die Rechte der anderen Gläubiger erschüttert.

Verkehrt wäre es, aus dieser Ausführung zu schließen, daß auch dem Konstitut, weil auch dieses auf einem bloßen Wort beruht, die dingliche Wirkung zu versagen sei. Denn dies Wort wird durch die Thatsache unterstützt, daß der Veräußerer die Sache „hat": es ist das Wort, welches der Herr der Sache spricht. Ueberdies ist das Konstitut thatsächlich so wichtig (z. B. bei der Uebereignung von Werthpapieren, welche durch Kommissionäre angeschafft werden), daß man an seiner dinglichen Wirkung nicht rütteln darf. Im Gegentheil, man kann die Frage aufwerfen, ob nicht selbst das Konstitut zu entbehren ist: es scheint, sofern nur der Veräußerer die Gewahrsam der Sache hat, sogar der schlichte Uebereignungsvertrag zu genügen. Doch ist dies nur ein Streit um Worte. Wenn man das Konstitut richtig auffaßt, so bedarf es keiner besonderen Erklärung, sondern ist überall selbstverständlich, wo der Inhaber der Sache dieselbe übereignen zu wollen erklärt; ist ein Konstitut ausnahmsweise nicht gewollt, so folgt daraus nur, daß auch die Uebereignung nicht ernsthaft gewollt ist; die Ausnahme aber muß beweisen, wer sie behauptet. Ich behandle also den Beweis des Konstituts gerade umgekehrt wie der Entwurf; ich erleichtere ihn, der Entwurf erschwert ihn. Daß meine Auffassung der allgemeinen Ueberzeugung unserer Bevölkerung entspricht, daß diese für eine neben der Uebereignungserklärung selbständig bestehende Konstituterklärung gar kein Verständniß hat oder in letzterer höchstens ein leeres Symbol der Uebereignung sieht, wird kein Unbefangener bezweifeln.

Ein Bedürfniß, daß der Eigenthümer auch Sachen, die er nicht besitzt, übereignen könne, besteht nicht. Scheinbar liegt es bei der Veräußerung eines Vermögensinbegriffes, z. B. eines kaufmännischen Geschäftes, vor: denn hier verdient der Erwerber auch bezüglich etwaiger dem Veräußerer gestohlenen Sachen den dinglichen Rechtsschutz. Allein diesem Bedürfniß kann mit der Abtretung der dinglichen Klage abgeholfen werden. Und zwar ist der Unterschied der Klagenabtretung von der Uebereignung keine bloße Künstelei; vielmehr ist der Erwerber der Klage allen gegen den Veräußerer zustehenden persönlichen Einreden ausgesetzt, und wenn die gestohlene Sache zufällig in die Hand des Veräußerers zurückkehrt, so unterliegt sie dort, da sie noch immer dem Veräußerer „gehört",[1]) dem Zugriff aller Gläubiger. Die Bedenken also, welche gegen die Uebereignung seitens des Nichtbesitzers sprechen, treffen gegenüber der Klagabtretung desselben nicht zu.

2. Wird die Uebergabe der Sache durch Versendung vollzogen, so geht der Besitz regelmäßig erst mit der Aushändigung der Sache auf den Erwerber über. Trotzdem schlage ich vor, das Eigenthum der Sache schon mit der Absendung übergehen zu lassen. Keiner der Gründe, welche zur Aufstellung des Uebergabe-Erfordernisses geführt haben, steht entgegen. Wohl aber besteht ein entschiedenes Bedürfniß dafür, daß der Erwerber schon während der Reise einen dinglichen Rechtsschutz genießt; der Veräußerer ist ja oft weit entfernt oder zur nachdrücklichen Verfolgung der Sache gar nicht geneigt; es wäre also unzweckmäßig, dem Erwerber seine Vermittelung aufzuzwingen. Ferner ist es nur angemessen, daß dem Erwerber, welcher schon während der Reise die Gefahr der Sache trägt, auch schon zu dieser Zeit ein Aussonderungsrecht im Konkurse des Veräußerers zusteht. Endlich ist die Regel, daß der Erwerber während der Reise Eigenthümer, schon jetzt im größeren Theile Deutschlands geltendes Recht.[2]) — Nahe liegt es, mit der Absendung

---

[1]) Mot. S. 400.

[2]) Im preuß. und franz. und zum Theil im sächs. Rechtsgebiet.

auch den Besitz der Sache auf den Erwerber übergehen zu lassen. Doch wäre dies eine Fiktion: denn, außer wenn ein Ladeschein oder Konnossement ausgestellt ist, hält der Frachtführer während der Reise die Sache zur Verfügung des Absenders, nicht des Empfängers; Besitzer ist also in dieser Zeit zweifellos der Absender. Daß Besitz und Eigenthum auseinanderfallen, ist außerdem ganz zweckmäßig. Dadurch behält auch der Absender während der Reise eine Art dinglichen Rechtsschutzes, und eine vorzeitige Besitzergreifung des Empfängers ist verbotene Eigenmacht. — Mein Vorschlag steht mit dem Verfolgungsrecht des unbezahlten Verkäufers im Konkurse des Käufers nicht im Einklang. Allein auch zum römischen Rechte stimmt das Verfolgungsrecht nicht, da letzteres selbst dann Platz greift, wenn schon vor der Absendung die Uebereignung der Sache, etwa durch Besitzkonstitut, stattgefunden hat. Das Verfolgungsrecht ist und bleibt eben ein Ausnahmerecht; es enthält einfach eine Wiedereinsetzung in den vorigen Stand.

3. Die auflösende Bedingung und Befristung sollte, wie auch nach preußischem Rechte, blos persönliche, nicht dingliche Wirkung haben.[1]) Anders Entwurf §§ 128 flg. und Motive S. 337.

4. Absatz 2, 3 sind ein Muster dafür, wie ein Gesetz nicht gemacht werden soll.[2]) Kein Richter würde, wenn die beiden Absätze fehlten, einen Mißgriff begehen; sie sind also ganz überflüssig. Nun sie aber vorhanden sind, wird der Richter geneigt sein, sie wörtlich auszulegen und erst dadurch zu Mißgriffen gedrängt werden. Wie soll er sich z. B. verhalten, wenn der veräußernde Eigenthümer Unterbesitzer ohne Innehabung (oben S. 8), also nach dem Sprachgebrauch des Entwurfes weder Besitzer noch Inhaber ist? Soll ferner, wenn die Veräußerung durch den Nichtbesitzer geschah, der Erwerber aber später den Besitz der Sache erlangt hat, noch nachträglich eine Uebergabe erfolgen? — Eine sachliche Aenderung zu Absatz 2 ist oben S. 16, 2 vorgeschlagen.

§ 875. Uebereignung durch Zwangsvollstreckung.

Das Urtheil soll die Uebereignungserklärung ersetzen; es muß also gemäß Civilprozeßordnung § 779 rechtskräftig, nicht blos vorläufig vollstreckbar sein. Vielleicht wird dies im Gesetz ausdrücklich gesagt.

Nach dem Wortlaute des § 875 ist, wenn der Eigenthümer sich weigert, die Uebereignungserklärung abzugeben, außer dem ihn verurtheilenden Erkenntnisse noch die Wegnahme der Sache durch den

---

[1]) Theilentw. § 137 stellt ein Gleiches sogar für aufschiebende Bedingungen fest.

[2]) Dem Theilentw. sind sie noch unbekannt.

Gerichtsvollzieher nöthig. Wie nun aber, wenn der Erwerber bereits die Gewahrsam hat oder wenn die Gewahrsam einem Dritten zusteht, welcher die Sache an den Erwerber freiwillig herauszugeben bereit ist? Hier darf eine Mitwirkung des Gerichtsvollziehers nicht gefordert werden.

§ 876. Mehrfache Veräußerung.

Gemäß Abs. 2 Satz 2 soll, wenn der veräußernde Nichteigenthümer nachträglich das Eigenthum erwirbt, bei mehrfacher Veräußerung die ältere wirksam werden. Nach der in §§ 877 flg. angenommenen Regel „Hand wahre Hand" ist eher das Gegentheil richtig. Vergl. S. 55 4b.

§ 877. Schutz des redlichen Erwerbes.

Der Theilentwurf ließ streng römisch bei der Veräußerung nur dann Eigenthum auf den Erwerber übergehen, wenn der Veräußerer Eigenthümer war. Dagegen hat der jetzige Entwurf sich der auf deutschem Rechte beruhenden Regel des Handelsgesetzbuches Art. 306 angeschlossen und dieselbe auf das Gebiet des bürgerlichen Rechtes übertragen. Der Entwurf §§ 877 flg. bestimmt nämlich: wer durch einen auf Eigenthumsübertragung gerichteten Vertrag eine bewegliche Sache redlicherweise erwirbt und übergeben erhält, erwirbt das Eigenthum der Sache selbst dann, wenn der Veräußerer nicht Eigenthümer war; ausgenommen sind verlorene und gestohlene Sachen. Wer das alte Sprüchwort, welches den Grundgedanken dieser Regel so klar zum Ausdruck bringt: „wo du deinen Glauben gelassen hast, mußt du ihn wieder suchen", unbefangen erwägt, wird dem Entwurf für diesen Schritt Dank wissen. Leider führt aber der Entwurf diesen Grundgedanken nur unzureichend[1]) durch.

Nicht als ob ich meinte, daß das künftige deutsche Gesetzbuch die altdeutsche Regel unverändert übernehmen sollte; vielmehr schlage ich selber eine ganze Reihe von Abänderungen dieser Regel — dem Bedürfniß des heutigen Rechtslebens folgend — vor. Die meisten der vom Entwurfe versuchten Abänderungen sind aber in dieser Weise nicht zu rechtfertigen.

1. Die Motive S. 342 beschönigen den Rückzug, welchen das römische Recht der deutschen Regel gegenüber antreten muß, mit dem Bemerken, daß die neue Rechtsgestaltung von der römischen im Resultate nicht zu sehr verschieden sei: wenn man in der letzteren das Erforderniß

---

[1]) Gierke XIII S. 312 erhebt Einwendungen nur gegen die Fassung der §§ 377 flg. und billigt ihren Inhalt.

der Vollendung der Usukapion streicht (!) und die Ausschließung der Usukapion bei der res furtiva berücksichtigt, so kommt man im Großen und Ganzen zu derjenigen Rechtsgestaltung, welche als die deutschrechtliche bezeichnet (!) zu werden pflegt. Nun hat aber das römische Recht die Vollendung der Usukapion nicht gestrichen, vielmehr den gutgläubigen Erwerber ein (später sogar drei) Jahr der Klage des Eigenthümers ausgesetzt; ich finde diesen Unterschied gerade groß genug. Und weiter ist es zwar richtig, daß von der deutschen Regel die gestohlenen Sachen ebenso ausgeschlossen sind, wie von der römischen Usukapion. Nicht ausgeschlossen sind dagegen unterschlagene Sachen: diese hat ja (regelmäßig) der Eigenthümer freiwillig in die Gewahrsam eines Anderen gegeben, er hat diesem Anderen „geglaubt", und darf also seinen Glauben nur bei ihm, nicht aber bei dem dritten Erwerber der Sachen suchen. Die unterschlagenen Sachen geben mithin geradezu den merkwürdigsten und thatsächlich wichtigsten Fall ab, in welchem die deutsche Regel zur Anwendung gelangt. Bei den Römern sind dagegen die unterschlagenen Sachen furtivae, so gut wie die gestohlenen; sie geben also einen der wichtigsten Fälle ab, in denen die römische Usukapion unanwendbar ist. Man wird also, gerade wenn man die Ausschließung der res furtiva von der Usukapion berücksichtigt, erst recht inne, wie grundverschieden römisches und deutsches Recht ist.

Es ist bedauerlich, daß die Motive dies verkannt haben[1]). Was aber noch bedauerlicher, es handelt sich hier nicht um ein vereinzeltes Mißverständniß oder gar nur um eine Ungenauigkeit des Ausdrucks. Im Gegentheil finden wir auf Schritt und Tritt, wie der Entwurf sich dem tieferen Sinne der deutschen Regel verschlossen und sich damit begnügt hat, eine einzelne Folgerung der Regel aus dem Zusammenhang zu reißen und auf den Boden des im Uebrigen unveränderten römischen Rechts zu verpflanzen.

2. Eine erste Frucht dieses Verfahrens bietet uns § 877. Während die deutsche Regel dem Eigenthümer, welcher eine Sache freiwillig fortgegeben, die Klage gegen die „dritte Hand" ganz versagt und ihn auf die Klage gegen seinen Vertrauensmann beschränkt, schützt der Entwurf die dritte Hand gegen die Eigenthumsklage nur dann, wenn sie die Sache durch ein auf Uebereignung gerichtetes Rechtsgeschäft oder durch Verpfändung[2]) erworben hat. Wie unleidlich der deutsche Rechtsgedanke hierdurch verkümmert wird, zeigt sich an folgendem Beispiel: A. hat im Stalle des Pferdehändlers B. ein Pferd eingestellt; B. verkauft das

---

[1]) Aehnlich Gierke XIII S. 312

[2]) §§ 877, 1147.

Pferd widerrechtlich an C. und übergibt es ihm; nach einiger Zeit stellt auch C. das Pferd bei B. ein; B. aber gibt das Pferd auf A.'s Verlangen diesem, ohne die inzwischen verübte Unterschlagung zu verrathen, heraus. Hier ist nun die Rechtslage von A. und C. offenbar die gleiche, bis auf den einen Umstand, daß A. im Besitze ist und C. nicht; es kann also für die unbefangene Auffassung gar kein Zweifel darüber sein, daß A. das Pferd behalten darf. Nach dem Entwurf gilt aber das Gegentheil; A. muß das Pferd auf die Klage des C. diesem herausgeben; denn er hat sein Eigenthum durch die Veräußerung des B. verloren und hat durch die thatsächliche Rückgabe des Pferdes — weil bei dieser „die Willenserklärung der Vertragsschließenden" fehlte, daß das Eigenthum auf ihn „übergehen" solle (§§ 878, 874) — das Eigenthum nicht wiedererlangt. Jeder Versuch, diesen Satz zu rechtfertigen, wäre sophistisch; der Satz ist unerträglich. Der Abänderungsvorschlag, welchen ich unten zu § 929, 2 machen werde, wird Abhülfe schaffen.

3. Wie sich aus der Fassung des § 877 ergibt[1]), soll der Erwerber seinen guten Glauben beweisen müssen, wenn Eigenthum auf ihn übergehen soll. Daß dies verkehrt ist, liegt auf der Hand; hat doch der Entwurf selber im § 881 Abs. 2, 900 die richtige Vertheilung der Beweislast. Wenn der Eigenthümer die freiwillig fortgegebene Sache bei einer anderen Person als dem ersten Empfänger in Anspruch nimmt, so sucht er seinen Glauben ausnahmsweise da, wo er ihn nicht gelassen, und er mag die Ausnahme rechtfertigen.

4. Dem unredlichen Erwerber stelle ich denjenigen gleich, welcher die Sache unentgeltlich erworben hat.[2]) Denn es ist ungerecht, daß der bisherige Eigenthümer seine Sache verlieren soll, weil sie schenkweise in die Hand eines Dritten gekommen ist. Namentlich gilt dies für das Vermächtniß einer dem Erblasser nicht gehörigen Sache. Anders dagegen der Entwurf; allerdings erklärt er in § 1848 das Vermächtniß einer dem Erblasser nicht gehörigen Sache für ungiltig; allein diese Ungiltigkeit betrifft, wenn einmal der Erbe die Sache dem Vermächtnißnehmer übergeben hat, blos den Rechtsgrund der Uebergabe und kann nur vom Erben, nicht vom bisherigen Eigenthümer geltend gemacht werden.[3]) — Selbstverständlich ist aber die zu 2. genannte Rückgabe der Sache an den bisherigen Eigenthümer nicht unentgeltlich: sie geschieht in Erfüllung

---

1) Ebenso Motive S. 347.

2) Ebenso Boltze, Archiv f. ziv. Praxis Bd. 74 S. 101. Siehe auch Bähr S. 506.

3) §§ 829, 874, 1865.

einer persönlichen Forderung des bisherigen Eigenthümers, und diese Forderung selbst ist — anders als der Anspruch des Vermächtnißnehmers auf Ausführung des Vermächtnisses — entgeltlicher Natur.

5. Die Umschreibung der Redlichkeit in § 877 ist musterhaft schwerfällig. Sie ist überflüssig. Vergl. Handelsgesetzbuch Art. 306. Die Künstelei, mit welcher der Entwurf §§ 881 Abs. 2, 886, 900, 931 verschiedene Arten der Redlichkeit unterscheidet, fällt dadurch von selbst fort.

§ 878. Untergang von Rechten Dritter an der Sache.

Der redliche Erwerber erwirbt nach dem Entwurfe das Eigenthum frei von allen ihm unbekannten auf der Sache ruhenden Rechten Dritter. So selbst dann, wenn der Dritte die Sache in seiner Gewahrsam hat oder wenn sie sich in der Pfandgewalt des gesetzlichen Pfandgläubigers[1]) befindet. Der Berechtigte muß also, wenn die Uebereignung mittels Anweisung an ihn geschah, der Anweisung sofort widersprechen oder alle seine Ansprüche dem Erwerber sofort anzeigen. Das ist unbillig. So lange der Berechtigte die Gewahrsam oder die Pfandgewalt hat, müssen auch seine Ansprüche aufrechterhalten bleiben.

§ 879 Satz 1. Redlicher Erwerb durch Konstitut.

Der redliche Erwerber erlangt kein Eigenthum, wenn die Besitzübergabe nur durch Konstitut erfolgt ist. Eine neue Erfindung, dem älteren deutschen Rechte ebenso fremd wie dem Handelsgesetzbuch[2]) und den übrigen Gesetzen, und sachlich durchaus ungerechtfertigt! Denn seitdem der Gedanke, daß ein Besitz nur bei eigener Gewahrsam des Besitzers denkbar, überwunden ist, muß grundsätzlich auch das Besitzkonstitut als gleichwerthig mit der körperlichen Besitzübergabe gelten. Freilich nicht ausnahmslos. Bei einzelnen Rechtsverhältnissen sprechen erhebliche Gründe gegen die Zulassung des Konstituts. Nun gibt es aber ein sehr einfaches Kennzeichen dafür, ob eine solche Ausnahme vorliegt, ob also wirklich ernsthafte, gewichtige Gründe dem Besitzkonstitut entgegenstehen. Das Verbot des Konstituts kann nämlich spielend dadurch umgangen werden, daß der Erwerber auf kurze Zeit, vielleicht nur auf einen Augenblick, die Gewahrsam der Sache ergreift und sie alsbald dem Veräußerer zurückgibt; der Unterschied

---

[1]) Z. B. auf dem Miethgrundstücke des Vermiethers.

[2]) Siehe mein Lehrbuch des Handelsrechts S. 103. Diese Stelle ist bereits gedruckt gewesen, ehe ich die entgegenstehende Auffassung des Entwurfes kannte.

zwischen dieser Art der körperlichen Uebergabe und dem Besitzkonstitut ist aber eine leere Form; ich behaupte nun, daß, wenn irgend ein ernsthafter Grund gegen das Besitzkonstitut spricht, derselbe durch eine solche Formenspielerei nicht abgefunden werden kann. So sehen wir z. B., daß das deutsche Recht und der Entwurf selbst nicht blos die Begründung des Faustpfandes durch Konstitut ausschließt, sondern auch das Faustpfandrecht untergehen läßt, sobald die Pfandsache dem Pfandbesteller zurückgegeben wird. Hier ist es ein ernsthafter Grund, der dem Besitzkonstitut entgegensteht.

Nirgendwo wird dagegen angeordnet, daß das von dem gutgläubigen Erwerber erlangte Eigenthum durch nachträgliche Rückgabe der Sache an den Veräußerer wieder verwirkt werden soll: Hier ist der Grund, welcher gegen das Besitzkonstitut sprechen soll, nur ein eingebildeter.

Prüfen wir nun die Gründe, welche gegen das Konstitut angeführt werden.[1]) Dasselbe soll „wenig ersichtlich" sein; aber ist die körperliche Uebergabe mit darauf folgender Rückgabe, ist die Besitzübergabe durch Anweisung ersichtlicher? Feiner ist folgender Grund: In dem Belassen der Sache in den Händen des Veräußerers liegt eine Vertrauenserweisung, deren Gefahr ohne Unbilligkeit den Vertrauenden trifft. Ein nicht ungeschickter Schluß, der anscheinend auf den Grundgedanken des deutschen Sachenrechts zurückgreift; aber nichtsdestoweniger ein Trugschluß. Denn „die Gefahr meiner Vertrauenserweisung" kann sich doch nur auf einen Schaden beziehen, der mir durch einen Mißbrauch meines Vertrauens erwächst, z. B. wenn mein Diener mich während seiner Dienststellung bei mir bestiehlt, nicht aber, wenn er mich bestohlen hat, bevor ich ihn überhaupt kannte. Deshalb ist es denn auch kein Vertrauensmißbrauch gegen mich, wenn derjenige, welchem ich eine Sache anvertraue, eben diese Sache, obschon sie ihm nicht gehörte, vorher an mich verkauft hat. Man könnte freilich sagen, daß ich doch jedenfalls das Vertrauen in ihn gesetzt habe, er werde mir nur eine ihm wirklich gehörige Sache verkaufen, und daß insoweit auch mir gegenüber ein Vertrauensmißbrauch vorliegt. Indeß wird diese Art des Vertrauensmißbrauches genau ebenso gegen denjenigen begangen, welcher sofort beim Erwerbe den körperlichen Besitz ergreift; sie kann also nicht zum Nachtheil des Besitzkonstituts verwerthet werden. Im Gegentheil, wenn man aus der Vertrauenserweisung des Erwerbers irgend einen Schluß ziehen will, würde er zu Gunsten des Erwerbers sprechen: denn hätte er nur eine Ahnung von dem Rechtsmangel des Veräußerers gehabt,

---

[1]) Mot. S. 345.

so würde er die erworbene Sache schleunig aus der verdächtigen Gewahrsam desselben herausgezogen haben. — Die Folgen, welche sich aus der Zulassung des Konstituts ergeben, sind völlig angemessen. Man unterscheide zwei Fälle:

a) Bankier A. verkauft Werthpapiere, welche B. bei ihm hinterlegt, mittels Konstituts hintereinander an C. und D. und verfällt in Konkurs. Alle drei Kunden des A. haben einen Aussonderungsanspruch, da die Papiere dem A. nicht gehören und der Konkursverwalter sich den Gläubigern gegenüber auf die unredliche Veräußerung der Papiere, so lange er sie noch in Händen hat, nicht berufen darf. Fraglich ist nur das Verhältniß der Kunden untereinander. Vertrauen haben sie dem A. sämmtlich geschenkt, ihre Rechtslage ist also insoweit die gleiche. Nun gibt der Entwurf dem B. deshalb den Vorzug, weil für ihn sein (früheres) Eigenthum, für die anderen nur ihr guter Glaube spreche: das ist römisch gedacht. Ich meine, den Vorzug muß D. haben, weil ein jeder seinen Glauben da suchen muß, wo er ihn gelassen hat, und A. nur dem D. die Treue gehalten hat, nur D. seinen Glauben unverletzt wiederfindet: das ist deutsch gedacht und, wie mir scheint, überwiegend zweckmäßig.

b) Der gleiche Fall wie vorher, nur daß A. die Papiere nachträglich einem der Kunden ausgehändigt hat. Hier gibt der Entwurf diesem Kunden den Vorzug, gleichgiltig, ob es B., C. oder D. ist. Ich schließe mich dem an, aber nicht weil die körperliche Besitzübergabe den Vorrang vor dem Konstitut hätte, sondern weil die nachträgliche körperliche Uebergabe die spätere Rechtshandlung ist. Allerdings ist diese Uebergabe keine Uebereignung. Aber es ist schon oben S. 26, 2, ganz unabhängig von dem besonderen Falle des Konstitutes, gezeigt, daß auch eine gar nicht auf Uebereignung abzielende Uebergabe den Schutz des § 877 voll verdient.

Der Entwurf hat übrigens noch eine andere Beschränkung für das Konstitut des Inhabers aufgestellt. Siehe oben S. 16, 2.

§ 879 Satz 2. Verlorene und gestohlene Sachen.

Diese sind, wie schon erwähnt, von der Regel des § 877 ausgenommen; der Erwerber solcher Sachen erlangt also trotz seines guten Glaubens kein Eigenthum; den verlorenen und gestohlenen Sachen sind solche Sachen gleichgestellt, welche anderweit ohne den Willen des Inhabers aus dessen Gewahrsam gekommen sind. Die Frage ist nun, ob der unfreiwillige Verlust der Gewahrsam den Eigenthümer persönlich betroffen haben muß. Der Entwurf verneint die Frage mit Recht; er geht aber nicht weit genug. Er stellt nämlich dem Eigenthümer nur denjenigen Inhaber gleich, welcher die Gewahrsam für den Eigenthümer ausübt. Ich glaube, daß man jeden anderen Inhaber hierher rechnen muß, welcher für seine Person der Eigenthumsklage unterworfen ist — ich nenne ihn „rechtlosen Besitzer“[1]) —, mag er auch die Gewahrsam für sich selbst oder für einen Dritten ausüben. Wenn also der Eigenthümer A. seine Sache dem B. vermiethet, und der Miether B. sie dem C. in eigenem Namen verpfändet oder in Verwahrung gibt oder verschenkt oder, die Unredlichkeit des C. vorausgesetzt, an ihn verkauft und die Sache wird bei C. gestohlen, so ist um dieses Diebstahls willen der Eigenthumserwerb jedem späteren redlichen oder unredlichen Erwerber verschlossen. Dieser Satz wäre zweifellos, wenn mein zu § 945, 3b gemachter Vorschlag angenommen wird, daß auch der unredliche Besitzer die ihm gestohlene Sache gegen jeden späteren Erwerber verfolgen kann; denn zu dieser Klage würde der Eigenthumserwerb des letzteren schwerlich passen. Aber selbst wenn man diesen Vorschlag verwirft, so wird der unredliche Besitzer die ihm gesetzlich versagte Klage in aller Regel dennoch thatsächlich ausüben können; denn der Erwerber der gestohlenen Sache hat meistens nicht den geringsten Anlaß, die Unredlichkeit des bestohlenen Besitzers auch nur zu vermuthen, und noch weniger kann er sie beweisen; wird er also von dem Bestohlenen auf Herausgabe der Sache verklagt, so wird der Kläger für diesen Prozeß fast immer als publizianischer Besitzer gelten und deshalb gemäß § 945 den Prozeß gewinnen. Dem Verklagten hilft es also thatsächlich nichts, daß er dem Rechte nach Eigenthümer der Sache geworden ist, daß die Klage von Rechtswegen hätte abgewiesen werden müssen. Ich glaube, das Gesetz thut wohl daran, wenn es ein derart werthloses Eigenthum dem Erwerber nicht erst verleiht; es entstehen sonst unklare Rechtsverhältnisse.

Dem unfreiwilligen Verlust der Gewahrsam ist der unfreiwillige Verlust der Pfandgewalt gesetzlicher Pfandgläubiger gleichzustellen. Der Vermiether muß z. B. die vom Miether eigenmächtig aus dem Miethgrundstücke entfernte Sache auch gegen den gutgläubigen Erwerber verfolgen können. Nach dem Entwurfe ist diese Frage sehr zweifelhaft. Doch schlage ich vor, die Pfandklage des Vermiethers gegenüber dem dritten Erwerber an eine sehr enge, vielleicht dreitägige, Frist zu binden.

Bei der Veräußerung mittels öffentlicher Versteigerung sowie bei der Veräußerung von Geld und Inhaberpapieren erlangt der redliche Erwerber auch dann Eigenthum, wenn die veräußerte Sache gestohlen oder verloren war. Dies entspricht dem preußischen Rechte bezw. dem Handelsgesetzbuche und ist angemessen.

---

[1]) Siehe unten S. 43.

§ 880. Bereicherung.

Wer gemäß §§ 877 flg. ein Recht verliert, kann von demjenigen, der unrechtmäßig verfügt hat, Herausgabe der Bereicherung fordern.[1]) Richtig, aber selbstverständlich. Vergl. freilich § 748.

II. Ersitzung.

§§ 881—889.

Der Entwurf[2]) erkennt sachgemäß nur eine einzige Art der Ersitzung an, welche der longi temporis praescriptio nachgebildet ist, jedoch sich bereits in zehn Jahren vollendet. Ich schlage vor, die Frist noch weiter, etwa auf drei, besser noch auf ein Jahr, herabzusetzen.[3]) Den Grund siehe unten S. 50 Anm. 1. Ebenso würde ich, zum Zwecke der Fristverkürzung, die Zeit der Besitzunterbrechung im Falle des § 885 in die Ersitzungszeit einrechnen.[4])

Weiter nehme ich nachträglichen schlechten Glauben schon bei grober Fahrlässigkeit des Ersitzenden an. Die Motive S. 355 lehren zwar das Gegentheil: eine Fahrlässigkeit des Besitzers könne nur dann vorliegen, wenn derselbe eine ihm obliegende Nachforschungspflicht verletze; letztere könne ihm aber nur für die Zeit des Besitzerwerbes auferlegt werden; habe er den Besitz einmal redlich erworben, so sei er von dieser Pflicht befreit. Diese Ausführung ist verfehlt. Selbstverständlich ist die Nachforschungspflicht des Besitzers, nachdem er den Besitz redlich erworben hat, geringer als zu der Zeit, wo er den Besitz erst erwerben will. Aber sie fehlt doch nicht ganz. Beispiel: Jemand liest in der Zeitung die Beschreibung eines gestohlenen Pferdes und findet, daß dieselbe genau auf ein jüngst von ihm erkauftes Pferd paßt; nur hat er ein gewisses in der Beschreibung angegebenes Abzeichen auf dem Rücken des Pferdes bisher nicht bemerkt: seitdem sieht er sich das Pferd nur an, wenn es gesattelt ist, aus Furcht, sein Pferd könnte das gestohlene sein und das verhängnißvolle Abzeichen tragen; ich meine: das ist grob fahrlässig von ihm; dieser Besitzer darf das Pferd, wenn es in Wahrheit das gestohlene ist, nicht ersitzen.

---

[1]) Eine strengere Haftung (auf vollen Werthersatz) schlägt Boltze S. 98 flg. vor.

[2]) Anders noch Theilentw. § 139: dreijährige Ersitzung mit Titel, zehnjährige ohne Titel.

[3]) Aehnlich Gierke XIII S. 314.

[4]) So auch Theilentw. § 142, Bähr S. 512, Gierke XIII S. 315.

§ 889 ist ähnlich einzuschränken, wie ich es für § 878 vorgeschlagen. — § 882 Absatz 2 kann fortfallen, wenn der Erbenbesitz allgemein anerkannt wird.

III. Verbindung, Vermischung, Verarbeitung.

§§ 890 bis 897.

Der Entwurf folgt im Allgemeinen dem römischen Rechte. Jedoch soll es bei der Verarbeitung auf den guten Glauben des Arbeiters nicht ankommen; der Dieb, welcher gestohlenes Leder zu Stiefeln verarbeitet, wird also Eigenthümer derselben. Diese Abänderung ist sachlich nicht gerechtfertigt. Wenn der unredliche Besitzer nicht Eigenthümer der durch seine Arbeit gewonnenen Früchte wird, sollte man auch bei der „Verarbeitung" dem unredlichen Arbeiter den Eigenthumserwerb versagen. — Die Verarbeitung ist kein Rechtsgeschäft;[1]) trotzdem ist der Grundsatz der Stellvertretung auch für sie anzuerkennen, denn wenn ein Schustergeselle Stiefeln anfertigt, soll doch nicht er, sondern der Meister Eigenthümer derselben werden. Dies ist im Gesetze besonders festzustellen. Siehe Entwurf § 801 und Reichsgesetz vom 11. Januar 1876 § 2.

IV. Erwerb des Eigenthumes an Erzeugnissen u. s. f.

Von dem Eigenthumserwerbe an ungetrennten Früchten spreche ich hier nicht; er hängt zu eng mit dem Rechte der unbeweglichen Sachen zusammen.

§ 899. Erwerb kraft dinglichen Nutzungsrechtes.

Der Erwerb tritt sofort mit der Trennung, nicht, wie beim römischen Nießbrauche, erst mit der Besitznahme ein.[2]) — Absatz 2 ist befremdlich. Erstlich muß der Eigenthümer, wie sich aus der Fassung des Satzes ergibt, trotz seines Besitzes beweisen, daß er das entgegenstehende Nutzungsrecht nicht gekannt habe, während der besitzende Nichteigenthümer gemäß § 900 Nr. 1 von dieser Beweislast frei ist. Zweitens ist ohne erkennbaren Grund von einer durch den Nutzberechtigten „bewirkten" Trennung die Rede, so daß z. B. das durch den Wind vom Baume geschüttelte Obst nicht unter die Regel fällt. Endlich ist die ganze Regel hauptsächlich durch die negative Fassung des letzten

---

1) Mot. Bd. 1 S. 127. Vergl. Bd. 3 S. 360.

2) Theilentw. §§ 153 flg. hat noch die römische Unterscheidung von Emphyteuse und Nießbrauch.

Nebensatzes („ohne verbotene Eigenmacht") so dunkel, daß man erst nach längerem Nachdenken die Fälle erräth, auf welche der Entwurf abzielt.

§ 900. Fruchterwerb des redlichen Besitzers.

Der redliche Besitzer wird Eigenthümer der Früchte mit der Trennung; und zwar ist sein Eigenthumserwerb, anders als in Rom, endgültig: er braucht also dem Eigenthümer der Hauptsache die Früchte selbst dann nicht herauszugeben, wenn sie zur Zeit der Klagerhebung noch bei ihm vorhanden sind. Ein wichtiger Fortschritt gegen das römische Recht.[1]) Trotzdem läßt die Art, wie der Entwurf ihn durchführt, schweren Bedenken Raum.

1. Nur der „Besitzer" soll die Früchte erwerben. Wird ihm also eine trächtige Kuh gestohlen, so gehört das beim Diebe geworfene Kalb, selbst wenn er den Besitz von Kuh und Kalb wieder erlangt, nicht ihm, sondern dem Eigenthümer. Ich glaube, daß dies durch eine ähnliche Regel wie § 885 abzuändern ist. Ebenso ist, falls der Erbenbesitz nicht allgemein ausgesprochen wird, die Regel § 882 Absatz 2 entsprechend anzuwenden.

2. Nur der „Eigenbesitzer" erwirbt nach dem Entwurf die Früchte. Ich würde ihm denjenigen Unterbesitzer gleichstellen, welcher sich redlicherweise das Nutzungsrecht zuschreibt; denn alle Gründe, welche für den Fruchterwerb des Eigenbesitzers sprechen, treffen auch für den Nutzbesitzer zu. Für einen Theil der hierher gehörigen Fälle ist durch § 902 gesorgt. Allein § 902 setzt voraus, daß der Unterbesitzer sein Nutzungsrecht auf die rechtsgültige Ermächtigung einer Person stützt, welche selber zur Fruchtziehung befugt ist. Wer also ein Gut vom unredlichen Besitzer pachtet, erwirbt trotz eigenen guten Glaubens die Früchte nicht.

3. Als redlich soll (von der Ausnahme in § 900 2 abgesehen) auch derjenige Besitzer gelten, welchem die Unrechtmäßigkeit seines Besitzes nur durch grobe Fahrlässigkeit verborgen geblieben ist. Ein höchst verkehrter Satz. Man könnte ihn allenfalls verstehen, wenn er auf diejenigen Fälle beschränkt wäre, in denen die Fahrlässigkeit des Besitzers sich erst nachträglich, nachdem er den Besitz bereits redlich erworben, einstellt.[2]) Aber nach der zweifellosen Fassung des Entwurfes soll er

---

[1]) Der Theilentw. kennt einen Eigenthumserwerb des redlichen Besitzers an den Früchten überhaupt nicht an, ist also noch enger als das römische Recht.

[2]) Vergl. oben S. 32.

auch für diejenigen Fälle gelten, in welchen der Besitzer bereits zur Zeit seines Besitzerwerbes grob fahrlässig verfahren ist, zu einer Zeit also, wo er alle Ursache hatte, die Rechtmäßigkeit seines Besitzes aufmerksam zu prüfen, zu einer Zeit, für welche der Entwurf selber (§§ 877, 881) die grobe Fahrlässigkeit der Unredlichkeit gleichstellt.[1]) Ein Bauer hat z. B. von dem benachbarten Rittergutsbesitzer sechs Morgen Roggenfeld gekauft; am 1. Juli soll die Uebergabe erfolgen; der Verwalter des Rittergutes übergibt aber aus Versehen sieben Morgen; bei der geringsten Aufmerksamkeit müßte der Bauer das Versehen merken; er ist also unredlich; aber wenn er drei Wochen später die Ernte beginnt, ist er mit einem Male redlich und darf auch den auf dem siebenten Morgen geschnittenen Roggen behalten! Und für diesen Satz geben die Motive S. 366 folgende bündige Erklärung: „Da es sich nicht um einen bei der Erwerbung des Besitzes vorhandenen bösen Glauben handelt, so ist ebensowenig wie bei der mala fides superveniens (§ 886) der eigentlichen mala fides eine auf grober Fahrlässigkeit beruhende Unkenntniß über den Mangel des eigenen Rechtes gleichzusetzen." Das nennt man gesetzgeberische Gedanken!

4. Für den Fruchterwerb des redlichen Besitzers schlage ich eine ähnliche Beschränkung vor, wie sie für den Fruchterwerb des Nießbrauchers längst anerkannt ist: der Fruchterwerb darf nur auf den Reinertrag der Fruchtziehung bezogen werden. Danach muß der redliche Besitzer alle Lasten tragen, welche ein guter Wirth aus den Früchten zu bestreiten pflegt, z. B. Steuern, Versicherungsprämien; er muß ferner für den Fortbestand der Sache und ihrer Nutzung Sorge tragen, z. B. das Grundstück für die kommende Ernte bestellen, das nöthige Saatkorn und Viehfutter zurücklassen. Immerhin ist die Rechtsstellung des redlichen Besitzers von der des Nießbrauchers erheblich verschieden: er ist z. B. nicht an die von seinem Rechtsvorgänger eingeführte Art der Wirthschaft gebunden. — So selbstverständlich die von mir vorgeschlagene Beschränkung des Besitzers ist, dem Entwurf ist sie durchaus fremd. Der Entwurf begünstigt den schlimmsten Raubbau. Er erlaubt es, daß der Besitzer, dessen Redlichkeit im November aufhört, die ganze Ernte mit sich nimmt, so daß der Eigenthümer das Saatkorn, Stroh und Heu, die Kartoffeln für die Brennerei, das Jungvieh u. s. f. aus eigenen Mitteln anschaffen muß. Was sagen die Landwirthe zu diesem juristischen Geschenk?

5. Auch der redliche Erbschaftsbesitzer wird Eigenthümer der während seiner Besitzzeit getrennten Früchte. Der Fruchterwerb hilft ihm aber

[1]) Gegen den Entw. auch Boltze S. 105.

wenig, denn er muß die Früchte dem wahren Erben herausgeben (§ 2081 Nr. 4). Warum?

§ 901. Fruchterwerb kraft obligatorischen Rechtes.

Der Entwurf unterscheidet, je nachdem der Nutzberechtigte im Besitze der Hauptsache ist oder nicht. In ersterem Falle geschieht der Fruchterwerb wie beim Nießbrauch. In letzterem Falle erwirbt der Nutzberechtigte dagegen die Früchte erst mit der Besitzergreifung, und auch dieser Erwerb fällt fort, wenn der Eigenthümer die Besitznahme verbietet.

V. Zueignung.

§§ 903 bis 909.

Römisches Recht. Nur für Bienen einzelne Sonderregeln. — Ich würde „Aneignung" statt „Zueignung" sagen. Denn mag auch „sich aneignen" mit „sich zueignen" gleichbedeutend sein, so geht durch Weglassung des „sich" die Gleichheit des Sinnes verloren. — Das Jagd- und Fischereirecht ist im Entwurfe nicht geregelt. Ich bedauere dies. Doch wird sich die Lücke jetzt nicht mehr ausfüllen lassen.

VI. Gefundene Sachen.

Als „Finder" wird derjenige behandelt, welcher eine verlorene Sache „findet und in seine Inhabung bringt" (§ 910). Wenn nun A. eine Sache im Walde liegen sieht, dies dem B. mittheilt und B. die Sache ergreift, so hat A. die Sache „gefunden" und B. dieselbe „in seine Inhabung genommen"; sie wären also beide zusammen als Finder anzusehen. Ist dies wirklich beabsichtigt? (Vergl. § 924.)

Der Finder muß den Fund sofort der Polizei anzeigen, anderenfalls verwirkt er den Anspruch auf Fundlohn und auf den Eigenthumserwerb an der Fundsache. Die Polizei hat den Fund bekannt zu machen; sie kann Ablieferung der Fundsache zur Polizeigewahrsam anordnen; der Finder ist aber auch ohne solche Anordnung zur Ablieferung befugt. Der Finder kann die Fundsache, wenn angemessen, öffentlich versteigern lassen, jedoch nur nach vorgängiger Anzeige an die Polizei. — Nach Ablauf eines Jahres ertheilt die Polizei auf Antrag des Finders diesem eine Bescheinigung darüber, ob Ansprüche auf die Sache angemeldet sind; alle bis zu diesem Zeitpunkte nicht angemeldeten Ansprüche sind erloschen; ist ein begründeter Anspruch nicht angemeldet, so wird der Finder durch die Aushändigung der Bescheinigung Eigenthümer der Fundsache, haftet aber noch drei Jahre auf die Bereicherung. — Ist ein begründeter Anspruch rechtzeitig angemeldet, so braucht der Finder die Fundsache nur gegen Erstattung seiner angemessen verwendeten Kosten und gegen einen Fundlohn von 5 Prozent des Werthes der Fundsache herauszugeben.

Diese Regeln sind im Ganzen angemessen.[1]) Einzelne Bedenken sind:

§ 912. Verkauf der Fundsache.

Wenn Gefahr im Verzuge, so sollte jede im Einzelfalle angemessene Verwerthung der Fundsache auch ohne Anzeige an die Polizei statthaft sein. Ist aber keine Gefahr vorhanden, so sollte die Verkaufsanzeige so früh gemacht werden, daß die Polizei den Verkauf noch verhindern kann.

§ 915. Vorbehalt der Finderansprüche.

Der Empfangsberechtigte haftet, wenn der Finder ihm die Fundsache aushändigt und sich dabei seine Ansprüche vorbehalten hat, für dieselben persönlich. Sachgemäß. Doch muß er sich, sofern bei dem Vorbehalte nicht auch die Höhe der Ansprüche angezeigt ist, durch Rückgabe der Fundsache von der Haftung wieder befreien können. Es war vielleicht thöricht, daß er nicht nach der Höhe der Ansprüche fragte oder sich mit einer ausweichenden Antwort begnügte. Allein diese Thorheit ist sehr verbreitet, das Gesetz wird sie schonen müssen. Siehe § 938.

§§ 916 flg. Versehen der Polizei.

Ist die Polizei privatrechtlich haftbar, wenn sie versehentlich die Fundsache ohne Zustimmung des Finders ausliefert oder eine falsche Bescheinigung aus § 918 ausstellt? Ist sie auch dann haftbar, wenn das Versehen auf entschuldbarem Irrthum beruhte? Oder hängt dies alles von den Landesgesetzen ab? Bleiben die Ansprüche Dritter erhalten, wenn sie bei der Polizei angemeldet, aber in die Bescheinigung nicht mit aufgenommen waren?

§ 918. Eigenthumserwerb des Finders.

Bei werthvollen Sachen (z. B. von 300 Mark ab) schlage ich vor, dem Staate oder der Gemeinde einen Antheil zu gewähren. Das ist altdeutsches und noch jetzt preußisches Recht und auch sachlich angemessen. Sollte der Vorschlag abgelehnt werden, so rathe ich den Einzelstaaten, den Funderwerb ähnlich wie den Erbschaftserwerb, nur mit höheren Sätzen, zu besteuern.

---

[1]) Gierke XIII S. 319 hält die Pflichten des Finders für zu beschwerlich.

§ 919 Abs. 2. Verwirkung der Rechte des Verlierers.

Diese soll eintreten, wenn der Verlierer noch nach Aushändigung des Polizeizeugnisses an den Finder sich weigert, die Sache gegen Befriedigung des Finders abzunehmen. Unbillig, denn vielleicht hat der Finder dem Verlierer zur Zeit der Aushändigung des Zeugnisses die Höhe seiner Ansprüche noch gar nicht mitgetheilt und tritt nun plötzlich mit einer großen Forderung auf; dem Verlierer muß alsdann eine Frist zur Prüfung der Ansprüche gelassen werden! — Ebenso muß der Verlierer seine Ansprüche auf die Sache dadurch erhalten können, daß er den vom Finder verlangten Betrag hinterlegt.

§ 921. Sachen unter 3 Mark.

Der Entwurf erläßt hier dem Finder die Pflicht polizeilicher Anzeige. Sehr mit Unrecht. Denn die Anzeige kostet nichts; und wenn sie dem Finder zu unbequem ist, kann er die Sache ja liegen lassen. Die Motive S. 386 meinen zwar, daß die Anzeige an die Polizei ohne öffentliche Bekanntmachung nichts nütze. Ist es denn aber den Motivenverfassern wirklich unbekannt, daß der Verlierer sich oft genug aus eigenem Antriebe daran macht, die verlorene Sache zu suchen, daß er sich alsdann auch ohne öffentliche Bekanntmachung an die Polizei wendet und es sehr beklagen wird, wenn der Finder dort keine Anzeige gemacht hat? Wie soll er alsdann seiner Sache auf die Spur kommen?

§§ 924 flg. Sachen, die in Eisenbahnwagen u. dergl. gefunden sind.

Hier erwirbt die Eisenbahn u. s. f. nicht das Eigenthum der gefundenen Sache, sondern nur des bei ihrer Versteigerung gewonnenen Erlöses. Darin liegt mittelbar ein Zwang für die Eisenbahn, die Sachen zu versteigern, selbst wenn sie dieselben zufällig selber gebrauchen kann oder Gelegenheit zu freihändigem Verkaufe hat. Ich sehe nicht ein, wozu dieser Zwang gut ist; kann er dem gewöhnlichen Finder erlassen werden, um so mehr der Verkehrsanstalt, der Behörde! Ganz zwecklos ist die Versteigerung, wenn Banknoten, Gold u. dergl. gefunden ist.

§ 928. Schatz.

Warum nur eine „verborgene“, also absichtlich versteckte, und nicht auch eine vor undenklicher Zeit „verlorene“ Sache Schatz sein soll, ist nicht ersichtlich. Ebenso verkehrt ist es, im Gegensatz zu der Mehrzahl der bisherigen Rechte nur denjenigen als Finder zu behandeln, welcher den Schatz in Besitz genommen hat. Oft genug wird der wirkliche Finder aus Bescheidenheit oder Rechtsunkenntniß die Besitznahme unterlassen und sich mit einer Anzeige des Fundes begnügen; soll ihm alsdann die Finderhälfte entgehen? Andererseits sollte er, wenn er den Schatz durch widerrechtliche Handlungen gefunden, die Finderhälfte zu Gunsten des Fiskus verlieren; denn er ist derselben nicht würdig; mit Unrecht hat der Entwurf diese verständige Regel des älteren Rechtes fallen gelassen. — Auch beim Schatzerwerbe möchte ich den Staat betheiligen. Siehe zu § 918.

Vierter Titel.

Eigenthumsanspruch.

Der Entwurf entlehnt dem lübisch-preußischen Rechte den Anspruch des redlichen Besitzers auf Erstattung des Kaufpreises und erfindet für die Ansprüche des Besitzers auf Erstattung seiner Verwendungen ein ganz neues Recht. Im Uebrigen folgt er mit kleinen Abänderungen[1]) dem römischen Rechte, so daß die vindicatio (§ 929), die negatoria (§ 943) und die publiciana actio (§ 945) zu unterscheiden sind.

§ 929. Begründung der Eigenthumsklage.

Der Entwurf (§§ 929, 193) geht von der römischen Vermuthung aus, daß das Eigenthum, so gut wie jedes andere Recht, wenn es einmal entstanden ist, fortdauere, bis seine Beendigung nachgewiesen wird; es reicht also zur Begründung der Eigenthumsklage aus, wenn der Kläger beweist, daß er das Eigenthum einer zur Zeit im Besitze des Beklagten befindlichen Sache irgend einmal erworben habe.

Die deutsche Auffassung ist grundverschieden. Gegenüber der Thatsache, daß der Beklagte im Besitze ist, kann der Kläger mit der Behauptung, daß er irgend einmal Eigenthümer der Sache gewesen, nicht durchdringen: jedes frühere Recht des Klägers wird zunächst durch den gegenwärtigen Besitz des Beklagten gebrochen. Der Kläger muß also die besonderen Gründe darthun, aus welchen sein Recht zur Sache auch dem Besitze des Beklagten gegenüber fortdauere. Dies kann er in doppelter Weise thun. Entweder so, daß er beweist, die Sache sei gestohlen oder verloren; denn alsdann steht (vorbehaltlich gewisser Einreden) fest, daß der Beklagte ein dem Kläger entgegenstehendes Recht an der Sache nicht gewonnen haben kann und also sein Besitz objektiv unrechtmäßig ist. Oder so, daß er eine persönliche Verpflichtung des Beklagten, die Sache

---

[1]) Z. B. ist die possessio ficta abgeschafft.

zurückzugeben, darthut, z. B. daß der Beklagte die Sache vom Kläger unter dem Versprechen der Rückgabe empfangen, daß er sie unredlich erworben habe u. s. f. Denn auch in diesem Falle steht fest, daß der Besitz des Beklagten unrechtmäßig ist. Bei Klagen auf Herausgabe von Geld, Inhaberpapieren u. dergl. ist nur der letztere Beweis zulässig.

Diese Auffassung des deutschen Rechtes ist in das heutige französische Recht übergegangen. Für Geld und Inhaberpapiere wird sie auch in Preußen und Sachsen, für Orderpapiere sogar im deutschen Reichsrecht anerkannt.[1]) Für die Klage des Pfandgläubigers hat selbst der Entwurf (§ 1191) mit einigen Beschränkungen sich der deutschen Auffassung angeschlossen.

Die deutsche Auffassung verdient vor der römischen den Vorzug. Denn es ist ungerecht, daß der Besitzer auf die Klage einer Person hin, welche irgend einmal, vielleicht vor 29 Jahren, das Eigenthum der Sache erlangt hat, seinen Besitzerwerb nachzuweisen verpflichtet sei. Ich weiß z. B. nicht mehr, bei welchem Antiquar ich ein vor langen Jahren erstandenes Buch gekauft habe oder in welcher Lotterie mein Erblasser ein bestimmtes Bild gewonnen hat; oder ich weiß es zwar, aber mein Gewährsmann ist gestorben oder hat das Rechtsgeschäft, auf welches sich mein Eigenthum gründet, längst vergessen: soll ich nun wirklich der kahlen Vermuthung, daß das einmal begründete Eigenthum des Klägers in alle Ewigkeit fortdauere, wehrlos erliegen? Noch deutlicher spricht ein anderes Beispiel: wer eine größere Anzahl von Banknoten besitzt, weiß selten, von wem er jedes einzelne Stück erhalten hat, und noch seltener wird er die Person des Rechtsvorgängers zu beweisen im Stande sein; ein Betrüger braucht also nur für ein paar Scheine die Nummern aufzuzeichnen, für diese Nummern sich ausnahmsweise den Beweis des Eigenthumserwerbes zu sichern und sie demnächst durch eine Zwischenperson irgend Jemandem in die Hände zu spielen; alsdann kann er mit ziemlicher Sicherheit darauf rechnen, daß er die Scheine diesem letzten Erwerber mit der Eigenthumsklage wieder abnehmen wird. Denn er kann sein (vormaliges, aber als fortdauernd vermuthetes) Eigenthum beweisen, der Beklagte kann dagegen seinen Eigenthumserwerb nicht darthun. Thatsächlich wird dies nicht vorkommen.[2]) Aber daß ein Fall

[1]) W. O. Art. 74, H. G. B. Art. 305.

[2]) Dagegen mag folgender Fall vorkommen: ein Bankier zahlt an einen Kunden mehrere Banknoten zu 1000 Mark; der Kunde erkennt unter diesen einen Schein, der ihm vor Jahren gestohlen ist und für den er zufällig den Beweis des Eigenthumserwerbes führen kann. Der Bankier, er mag so redlich sein wie er will, muß, wenn er nicht seinen Rechtsvorgänger nachweisen kann, den Schein unentgeltlich herausgeben.

dieser Art nach der Regel des Entwurfes auch nur theoretisch möglich ist, beweist, daß diese Regel auf einem falschen Grundgedanken beruht.

Außerdem zeigt gerade das letzte Beispiel, worin der Gedankenfehler des Entwurfs steckt. Denn ich vermag nicht zu glauben, daß die Verfasser des Entwurfes wirklich mit vollem Bewußtsein die in diesem Beispiele aufgedeckte Regelung der Beweislast haben einführen, daß sie mit Absicht das bisher allgemein geltende Recht der auf Inhaberpapiere bezüglichen Eigenthumsklage haben abändern wollen. Zu einer solchen Rechtsänderung fehlte eben jeder Grund; auch die Motive deuten von einer Rechtsänderung nichts an. Vielmehr kann hier nur ein Versehen vorliegen. Und zwar wohl das folgende Versehen: Der Entwurf hat die Härten der vindicatio in Wahrheit abändern wollen; er hat deshalb an die deutsche Regel „Hand wahre Hand" angeknüpft und die dieser Regel entsprechenden Beschränkungen der Eigenthumsklage als berechtigt anerkannt; er hat sich aber daran gestoßen, daß diese Regel ihrer äußeren Erscheinung nach eben nichts als eine Beschränkung der Eigenthumsklage ist; er hat sie deshalb verbessern wollen, indem er sie in eine positive Form umgestaltete, indem er also, statt blos die Klage des Eigenthümers zu beschränken, statt den Besitzer blos „vindikationsfrei" zu stellen, ihn geradezu zum Eigenthümer der streitigen Sache macht; er hat deshalb die von ihm als Ersatz des deutschrechtlichen Spruchs aufgestellte Regel gar nicht bei der Eigenthumsklage, sondern beim Eigenthumserwerbe (§§ 877 bis 879) vorgebracht. Bei dieser angeblichen Verbesserung hat er aber vergessen, daß in der Beschränkung der Klage ein selbständiger Gedanke steckt,[1]) der bei einer bloßen Regelung des Eigenthumserwerbes verloren geht: nämlich die wichtige oben bezeichnete Beweisregel. Und durch dies handgreifliche Mißverständniß ist mit einem Male die Regel „Hand wahre Hand" auf die vindicatio und die vindicatio auf das Recht der Inhaberpapiere gepfropft!

Auch darf man nicht sagen, daß Beweisschwierigkeiten, wie sie oben aufgezählt, unvermeidlich seien und das deutsche Recht sich vom römischen nur insofern unterscheide, als es dieselben willkürlich vom Besitzer auf den Kläger abwälze. Vielmehr wird der Kläger von der Beweislast thatsächlich minder hart betroffen als der Beklagte. Denn wenn man an unsere heutige Geschäftssitte denkt, so ist es dem Besitzer, auch von dem Falle der Banknoten abgesehen, nicht zuzumuthen, sich jedesmal, etwa bei jedem einzelnen Ankauf, auf Jahre hinaus den Beweis des redlichen Erwerbes zu sichern; wohl aber kann der Eigenthümer im Falle freiwilliger Aufgabe der Gewahrsam für Beweismittel bezüglich

---

[1]) Ein ähnliches Mißverständniß ist oben S. 26, 2 nachgewiesen.

der Rückgabepflicht des Empfängers Sorge tragen. Schwerer ist freilich der Beweis, wenn er die freiwillig fortgegebene Sache gegen einen dritten unredlichen Besitzer verfolgt; indeß entspricht dies lediglich dem Satze: wo du deinen Glauben gelassen, muß du ihn wieder suchen; denn hier sucht, wie schon oben bemerkt, der Eigenthümer seinen Glauben ausnahmsweise bei einer anderen Person, und seine Sache ist es, diese Ausnahme zu rechtfertigen; gelingt ihm dies nicht, so hat er dies selbst zu verantworten; warum hat er die Sache einer unzuverlässigen Person anvertraut? So bleibt denn als ernsthafter Einwand gegen die deutsche Regelung der Beweislast nur der Fall unfreiwilligen Verlustes der Gewahrsam und die Schwierigkeit, diesen unfreiwilligen Verlust zu beweisen; allein wer für ordentliche Verwahrung seiner Sachen gesorgt hat, wird auch diesen Beweis nicht allzuschwer erbringen können; legt doch der Entwurf selbst (§ 879) gerade diesen Beweis gleichfalls dem Kläger auf! Entscheidend ist aber eine andere Erwägung. Der Beweis einer Thatsache wird um so schwerer, je längere Zeit seit derselben verstrichen ist. Das Gesetz kann dies freilich nicht ändern, muß aber sorgsam darauf Rücksicht nehmen. Das Gesetz muß also, soweit es irgend geht, derjenigen Partei den Beweis auferlegen, in deren Hand es liegt, die Zeit der Beweisführung zu beschleunigen, und umgekehrt eine Partei von der Beweislast befreien, falls der Zeitablauf gerade zu ihren Gunsten spricht. Deshalb darf dem Besitzer nicht der Beweis seines Besitzerwerbes auferlegt werden. Denn je länger er besitzt, desto mehr verbessert sich, vom Standpunkte des Ersitzungsrechtes, seine Rechtsstellung, desto unwahrscheinlicher wird es, daß einem Dritten Rechte zustehen, welche seinem Besitze widerstreiten, desto weniger kann man es ihm zumuthen, daß er sich gegen das Auftauchen solcher Rechte gerüstet halte und seine Beweismittel sichere; und dennoch je länger er besitzt, desto wahrscheinlicher wird es nach der Regel des Entwurfes, daß er den Prozeß um die Sache verliert. Dem entgegen läßt sich daraus, daß der Eigenthümer die Gewahrsam der Sache schon seit langer Zeit verloren, zu seinen Gunsten nicht das Mindeste ableiten: im Gegentheil muß ihm die Beweisverdunkelung, welche der Zeitablauf mit sich bringt, völlig bewußt sein, und er mag dementsprechend für seine Beweise Sorge tragen.

Nun könnte man freilich, um die römische Beweisvertheilung zu retten, die den Beklagten treffende Beweislast noch in anderer Weise erleichtern. Einmal dadurch, daß der Richter den Besitzer, gegen dessen Redlichkeit kein weiterer Verdacht vorliegt, regelmäßig zum Erfüllungseide über die Art seines Besitzerwerbes verstattet. Allein dies wäre nur ein willkürlicher Kunstgriff, um den Rückzug des römischen Rechtes zu verdecken; und wie unbestimmt müßte der Eid gefaßt werden und wie inhaltlos und werthlos müßte er sein, wenn der Beklagte z. B. nach neunjährigem Besitze einer Sache nicht mehr weiß, von wem er sie gekauft hat, ob er sie überhaupt gekauft und nicht vielmehr geschenkt bekommen hat u. s. f. Durchgreifender wäre ein zweites Aushülfsmittel: für die Eigenthumsklage dem redlichen Besitzer gegenüber eine kurze, etwa einjährige, Verjährung einzuführen; denn innerhalb einer derart abgekürzten Frist würde die Beweislast für den Beklagten nicht allzuschwer sein; die einjährige Frist entspricht ohnehin dem altdeutschen Recht und ist wegen des Rückgriffs des Besitzers an seinen Gewährsmann[1]) auch für das heutige Recht zu empfehlen. Aber, wenn auf diese Weise die schlimmsten Folgen der römischen Beweisregel abgeschwächt werden, so ist dies noch kein positiver Grund, um ihr die deutsche Beweisregel zu opfern. Letztere verdient vielmehr grundsätzlich immer noch den Vorzug, läßt sich bei einer auf Geld, Inhaberpapiere u. s. f. gerichteten Klage keinenfalls entbehren und ist deshalb schon der Einfachheit wegen auch für die auf andere Sachen gerichtete Klage beizubehalten.

Ich fasse meine Vorschläge in dem folgenden Satze, welcher zugleich den Eigenthumserwerb des redlichen Besitzers ordnet, zusammen:

„Der Eigenthümer hat eine dingliche Klage auf Herausgabe der Sache gegen jeden Besitzer,

a) welcher persönlich verpflichtet ist, die Sache an den Eigenthümer oder einen rechtlosen Besitzer herauszugeben, nach Maßgabe des Inhalts dieser Verpflichtung,
b) welcher die Sache von einem rechtlosen Besitzer unredlich oder unentgeltlich erworben hat,
c) welcher die Sache erworben hat, nachdem der Eigenthümer oder ein rechtloser Besitzer die Gewahrsam unfreiwillig verloren hat.

Erwirbt Jemand den Eigenbesitz der Sache, ohne der dinglichen Klage des bisherigen Eigenthümers unterworfen zu sein, so erwirbt er das Eigenthum der Sache, und das Eigenthum des bisherigen Eigenthümers erlischt."

Zur Erläuterung meines Vorschlages bemerke ich, daß ich unter „Besitzer" auch den „Inhaber" verstehe, und daß ich „rechtlos" jeden der dinglichen Klage des Eigenthümers unterworfenen Besitzer nenne.

Im Uebrigen wird mein Vorschlag inhaltlich durch die zu §§ 877 flg., 929 gemachten Bemerkungen gerechtfertigt. Neu ist hier nur, daß ich — von dem Falle c abgesehen — jeden Besitzer, welcher eine Sache

---

[1]) Siehe unten S. 49.

vom Nichteigenthümer redlich und entgeltlich, aber unter der persönlichen Verpflichtung der Rückgabe erworben hat, nur nach Maßgabe des Inhalts seiner persönlichen Verpflichtung haften lasse.

Der Entwurf erkennt letztere Regel nur im Falle der Verpfändung an; auch wenn diese vom Nichteigenthümer ausgegangen, ist sie für den Eigenthümer verbindlich (§ 1147). Ich lasse die gleiche Behandlung z. B. auch dem Miethvertrage angedeihen, so daß der Eigenthümer den redlichen Miether zur Herausgabe der Sache nur unter Einhaltung der gesetzlichen oder verabredeten Kündigungsfristen zwingen kann.

Noch hebe ich hervor, daß ich auch in den Fällen a, b, also bei freiwilliger Aufgabe der Gewahrsam seitens des Eigenthümers, die Klage des letzteren für dinglich erkläre. Danach ist die Haftung des Beklagten zu bemessen, welcher den Besitz der streitigen Sache nachträglich verloren hat.

§§ 930 flg. Nutzungen.

Der Entwurf folgt hier dem römischen Rechte bis auf den Umstand, daß der redliche Besitzer auch die noch vorhandenen Früchte nicht herauszugeben braucht und daß derjenige, welcher die Unrechtmäßigkeit seines Besitzes bei geringer Aufmerksamkeit erkennen mußte, trotzdem als redlich gilt. Ueber diese Abweichungen siehe S. 34 flg. Die äußere Fassung der §§ 930 flg. ist abschreckend.[1]

§ 936. Verwendungen.

1. Der Entwurf behandelt den Erstattungsanspruch des unredlichen und des redlichen Besitzers gleich. Beide können Vergütung verlangen, sofern der Eigenthümer durch die Verwendung bereichert wird. Einer der schlimmsten Mißgriffe des Entwurfes,[2] um so schlimmer, als er von dem gesammten geltenden Rechte abweicht; wenn die Motive S. 412 behaupten, daß der Entwurf „dem Prinzipe des französischen Rechtes" folge, so ist dies gegenüber code civil 555 ganz unhaltbar. In der That verdient der unredliche Besitzer den ihm gewährten Erstattungsanspruch nicht. Man denke, daß Jemand sich eines Grundstücks durch ein Verbrechen, z. B. eine Testamentsfälschung, bemächtigt und nun kostspielige Bauten auf dem Grundstücke aufführt. Nach dem Entwurfe

---

[1]) Wichtige Einwendungen, denen ich durchweg beitreite, erheben im Einzelnen Bähr, Krit. Viertelj.-Schrift Bd. 30 S. 514 flg., und Boltze, Archiv f. ziv. Praxis Bd. 74 S. 97 flg. Ich wiederhole diese Einwendungen hier der Kürze wegen nicht.

[2]) Auch an diesem Mißgriff ist der Theilentw. (§ 185) unschuldig.

kann er vom wahren Eigenthümer die Erstattung des Betrages fordern, um welchen der Verkaufs- oder Nutzungswerth des Grundstückes durch jene Bauten gestiegen ist; hat der Eigenthümer das nöthige Geld nicht bereit, so mag er dem Verbrecher zu Liebe Schulden machen oder das ihm rechtmäßig gehörige Grundstück — verkaufen. Die Motive S. 413 lehnen es sogar ausdrücklich ab, daß aus Billigkeitsrücksichten, wegen der individuellen Verhältnisse des Eigenthümers, die Erstattungspflicht zu ermäßigen sei. Oder noch besser: ein Dieb sucht mit gedungenen Knechten ein fremdes Kartoffelfeld ab; nach eben beendeter Lese wird er abgefaßt und — verlangt Erstattung des Arbeitslohnes, da der Eigenthümer die Kartoffeln sonst durch Tagelöhner hätte ausnehmen lassen müssen und deren Löhnung durch die Arbeit der Diebe erspart sei; bis zur Bezahlung behält er die Kartoffeln oder womöglich das ganze Kartoffelfeld „zurück“. Und der Eigenthümer muß sich thatsächlich fügen! Die Motive S. 412 trösten ihn freilich damit, daß dies Alles aus den allgemeinen Regeln von der condictio sine causa folge; er sei eben thatsächlich durch die Verwendungen des Besitzers wider dessen Willen bereichert und müsse den Werth der Bereicherung erstatten. Der Eigenthümer wird aber mit Recht entgegnen, daß, wenn dies wirklich aus den Regeln von der condictio sine causa folge, diese wohl falsch sein müssen. Denn einmal hat ja der Besitzer gewußt, daß seine Verwendungen eine fremde Sache betreffen und mittelbar deren Eigenthümer bereichern; ganz ohne seinen Willen ist die Bereicherung also nicht geschehen. Und ferner — hat der Besitzer die Bereicherung nicht gewollt, so will sie der Eigenthümer vielleicht noch weniger. Allerdings nimmt er seine Sache sammt der ihr durch den Besitzer verschafften Werthserhöhung zurück; aber nicht, weil er die Wertherhöhung genehmigen will, sondern weil ihm — will er nicht auf sein rechtmäßiges Eigenthum verzichten — nichts Anderes übrig bleibt. Somit liegt klar auf der Hand, daß die einzige Verpflichtung, welche den Eigenthümer treffen kann, dahin geht, die Fortnahme der vom Besitzer gemachten Verbesserungen zu gestatten, soweit dadurch der Sache selbst kein Schade widerfährt. Der Besitzer mag also das neu erbaute Haus wieder abreißen, der Dieb mag die Kartoffeln wieder in die Erde einscharren. — Anders nur bei Ausgaben, die zur Erhaltung der Sache nöthig waren, denn indem der Eigenthümer die Herausgabe der Sache verlangt, billigt er zugleich diese Aufwendungen, da ja ohne sie die Herausgabe der Sache unmöglich wäre. Vergl. aber zu 2.

2. Der Besitzer, welcher mit der Sache nicht zugleich deren Nutzungen aus der Zeit seines Besitzes herausgibt, darf die Erstattung der laufenden Ausgaben nicht verlangen, d. h. aller gewöhnlichen auf

die Erhaltung der Sache oder ihrer Früchte gerichteten Verwendungen: die laufenden Ausgaben muß derjenige tragen, der die Sache besitzt. Dieser Rechtssatz scheint im Grunde fast selbstverständlich und ist überdies, da er die Berechnung der Nutzungen einer-, der Verwendungen andererseits vereinfacht und oft ganz abschneidet, sehr zweckmäßig. Trotzdem kennt der Entwurf den Satz nicht, sondern hat die völlig verschiedene Regel aufgestellt, daß auf die Verwendungen der Reinertrag der gezogenen Nutzungen in Abzug kommt, soweit zu deren Herausgabe eine Verpflichtung gemäß § 930 nicht besteht. Sehr mit Unrecht.

a) Einmal ist die Regel des Entwurfes für den Besitzer zu ungünstig, weil sie zwischen laufenden und Kapitalaufwendungen nicht unterscheidet, sondern auch für letztere die Aufrechnung befiehlt. Wie kommt aber der redliche Besitzer dazu, längst verdiente Nutzungen wieder einzubüßen, blos deshalb, weil er nachträglich Verwendungen in die nutzbringende Sache gemacht hat? Außerdem wird auf diese Weise der Verwendungsanspruch desjenigen Besitzers, welcher durch sparsame Wirthschaft höhere Reinerträge erzielt hat, schlechter behandelt als der gleiche Anspruch des nachlässigen Wirthes. Und wie schwierig ist die Aufrechnung! Denn sobald unter den Parteien streitig ist, ob der Werth der Verwendungen den der Reinerträge übersteigt (ein Fall, der bei Kapitalaufwendungen sehr häufig sein wird), müssen die Reinerträge vielleicht für eine ganze Reihe von Jahren aufgedeckt werden. Und soll hierbei die Arbeit des Besitzers, welche auf die Erzielung der Nutzungen gerichtet ist, gar nicht berechnet werden? Sollen ferner, wenn der Besitzer ein getrennt liegendes Vorwerk dränirt oder die Brennerei vergrößert oder einen Schafstall erbaut hat, die Kosten auf den Reinertrag des ganzen Gutes oder nur auf den Reinertrag des Vorwerkes, der Brennerei, der Schäferei abgerechnet werden? Gerade die Unmöglichkeit, auf diese Frage eine sachgemäße Antwort zu geben, zeigt, daß zwischen Kapitalaufwendungen und Nutzungen, wenigstens wenn letztere älter sind als erstere, ein innerer Zusammenhang gar nicht besteht.

b) Andererseits ist — mit Bezug auf die laufenden Verwendungen — die Regel des Entwurfes für den Besitzer zu günstig, denn sie ordnet nicht eine „Ausgleichung" von Verwendungen und Nutzungen, sondern eine Aufrechnung an, und dies ist, obschon die Motive S. 414 beide Begriffe zusammenwerfen, sehr verschieden. Wenn also die Verwendungen die Nutzungen übersteigen, so braucht nach dem Entwurfe der Besitzer den Mehrbetrag nicht zu verschmerzen, sondern kann ihn vom Eigenthümer, dessen Bereicherung vorausgesetzt, erstattet verlangen; und wenn es an Nutzungen ganz gefehlt hat, so sind die Verwendungen ohne allen Abzug zu vergüten. Sonach kann die Besitzerin eines gestohlenen Schoßhundes von der klagenden Eigenthümerin den Ersatz aller Futterkosten aus der Zeit ihres Besitzes fordern; denn hätte sie die Kosten nicht aufgewendet, so wäre das Thier todt; Klägerin ist also thatsächlich durch die Fütterung des Hundes um dessen Werth bereichert, während der Besitzerin ein „Reinertrag" nicht erwachsen ist. Oder will man den Genuß, welchen der Schoßhund seiner Besitzerin gewährt, als Reinertrag bezeichnen? Dann setze man im obigen Beispiel statt des Hundes ein Pferd, welches während der Besitzzeit des Beklagten krankheitshalber keine Arbeit gethan hat, und man kommt, da hier ein Reinertrag sicher nicht zu entdecken ist, zu dem gleichen Ergebniß. Und doch ist dies Ergebniß schlechthin verwerflich. Denn Futterkosten gehören zu den laufenden Verwendungen, und diese entsprechen der laufenden Nutzung der Sache und fallen deshalb lediglich dem Besitzer zu. Wenn im Einzelfalle Verwendung und Nutzung nicht im Einklange stehen, was kann der Eigenthümer dafür? Der (redliche) Besitzer würde den etwaigen Reinertrag der Nutzung behalten haben; deshalb muß er auch den Ueberschuß der laufenden Ausgaben tragen.

Mit dieser Maßgabe sind selbst nothwendige Ausgaben nicht erstattungsfähig.

Die Regel gilt zunächst nur für den redlichen Besitzer, da nur dieser die Nutzungen zu behalten befugt ist. Sie gilt aber auch für den unredlichen, sofern der Eigenthümer auf die Herausgabe der Nutzungen Verzicht leistet. Auch der Pferdedieb kann deshalb keine Futterkosten in Rechnung stellen.

3. Soll das Recht der Wegnahme fortfallen, wenn die Verwendungen auf die Nutzungen (Abs. 2) verrechnet werden? — Der Besitzer, welcher das Recht der Wegnahme geltend macht, sollte dafür Sicherheit leisten, daß er die Sache wieder in den vorigen Stand setzt.

4. Der Eigenthümer müßte befugt sein, sofort nachdem ihm die Höhe der Ersatzansprüche des Besitzers angezeigt ist, sich durch Rückgabe der Sache von der Ersatzpflicht zu befreien. Andererseits muß der Besitzer das Recht[1]) haben, eine billige Frist zu setzen, binnen deren der Eigenthümer sich über Rücknahme der Sache schlüssig machen muß. Vergl. zu §§ 915, 919 Abs. 2.

§ 939. Erstattung des vom Besitzer gezahlten Kaufpreises.

1. Dem deutschen Rechte ist der Satz wohl bekannt, daß der Besitzer, wenn er die redlich erworbene Sache einem Dritten herausgeben muß, Erstattung des von ihm gezahlten Entgeltes fordern kann;

---

[1]) Ebenso Bähr S. 516.

doch findet sich dieser Satz in voller Allgemeinheit nur in denjenigen Rechtsgebieten, welche die Regel „Hand wahre Hand“ aufgegeben haben und demnach dem Eigenthümer, auch wenn er sich der Gewahrsam freiwillig entäußert, eine dingliche Klage gegen jeden Besitzer gewähren; diesen Standpunkt nimmt auch das preußische Recht[1]) ein. In den Gebieten, welche an der Regel „Hand wahre Hand“ festhalten, wird dagegen der Erstattungsanspruch nur für Ausnahmefälle zugestanden; diesen Standpunkt nimmt auch das heutige französische und schweizer Recht ein; als die Ausnahmefälle gelten der Erwerb in einer Versteigerung, auf einem Markte, von einem Kaufmann; das österreichische Recht führt die Regel „Hand wahre Hand“ sogar ohne jede Preiserstattung durch.

Der Entwurf verbindet dagegen den Lösungsanspruch des Besitzers nicht blos ausnahmsweise, sondern allgemein mit der Regel „Hand wahre Hand“; er soll überall eintreten, wo der Besitzer lediglich um deswillen der Eigenthumsklage unterliegt, weil die Sache wider den Willen des Eigenthümers aus dessen Gewahrsam entkommen ist. Nach der oben gegebenen Uebersicht der bisherigen Gesetzgebung ist dies erfundenes Recht. Die Erfindung ist wenig glücklich.

Allerdings ist der Besitzer bedauernswerth, wenn er die redlich erworbene Sache herausgeben und obendrein den baar gezahlten Kaufpreis einbüßen soll; aber nicht minder zu beklagen ist der Eigenthümer, welcher, um in den Besitz seiner eigenen theuer erkauften Sache zu kommen, sie einer fremden Person nochmals abkaufen muß. Man sieht, es muß entweder der Besitzer oder der Eigenthümer ein Opfer bringen. In der Frage, welche von beiden das Opfer treffen soll, kommt man mit dem bloßen Bedauern der einen Partei nicht weiter. Ebensowenig stichhaltig ist die Behauptung, daß ohne den Lösungsanspruch des Besitzers die Sicherheit des Verkehrs eine schwere Störung erleiden würde; dies könnte höchstens für den gewerblichen Verkehr zutreffen, also fast nur für solche Fälle, in welchen bereits das französische Recht den Lösungsanspruch zugestanden hat; dagegen ist nicht abzusehen, wie die Verkehrssicherheit den Lösungsanspruch auch beim Gelegenheitskauf fordern sollte. Nicht als ob die Verkehrssicherheit außerhalb des gewerbsmäßigen Verkehres gar nicht zu berücksichtigen wäre; aber sie setzt doch Geschäfte voraus, welche häufig und gleichmäßig wiederkehren, so daß für ihren rechtswirksamen sicheren Abschluß ein Bedürfniß besteht; dahin gehört der nicht gewerbsmäßige Verkauf von Grundstücken und Werthpapieren, nicht aber der gelegentliche Verkauf jeder

---

[1]) So auch der Theilentw. § 186.

beliebigen beweglichen Sache. Entscheidend ist vielmehr folgende Erwägung. Das Gesetz kann nicht die Absicht haben, den Vermögensverlust, welchen der Prozeß nothwendigerweise entweder dem Bestohlenen oder dem redlichen Erwerber zufügt, endgültig auf diesen Personen ruhen zu lassen, behält vielmehr derjenigen Partei, welche den Verlust zunächst zu tragen hat, den Rückgriff gegen eine außerhalb des Prozesses stehende Person vor. Bei völlig gleicher Rechtslage beider Parteien wird das Gesetz auf das Rückgriffsrecht sogar entscheidendes Gewicht legen müssen: d. h. diejenige Partei muß den Verlust tragen, welcher der Rückgriff besser zuzumuthen ist. Dies ist aber in aller Regel der Besitzer. Denn sein Rückgriff geht gegen seinen Veräußerer, der Rückgriff des Bestohlenen geht gegen Dieb und Hehler; der Besitzer hat sich also seinen Rückgriffsschuldner selber ausgesucht und mag es mit sich abmachen, wenn er diesen Schuldner nicht auffinden kann oder wenn derselbe zahlungsunfähig ist; für den Bestohlenen ist es dagegen reiner Zufall, ob sein Rückgriffsschuldner überhaupt bekannt wird und ob er zum Ersatz thatsächlich im Stande ist. Der Besitzer kann ferner meistens im Wege der Streitverkündigung die wichtigste Voraussetzung seines Rückgriffes schon in dem gegen ihn selbst gerichteten Prozesse zum Austrage bringen, während der Kläger sehr oft erst lange nach Beendigung des Prozesses die Person seines Schuldners erfahren wird; denn man beachte, daß der Beklagte zur Benennung seines Veräußerers nicht verpflichtet ist; und selbst wenn er ihn benennt, so hat deshalb der Kläger noch immer nicht den Namen seines Schuldners erfahren, da der Veräußerer für seine Person ebenso redlich sein mag wie der Beklagte und gleichfalls zur Nennung seines Rechtsvorgängers nicht verpflichtet ist; sehr oft wird außerdem der Besitzer oder sein Veräußerer den Namen seines Rechtsvorgängers nicht einmal kennen, ohne daß man aus dieser Unkenntniß den Thatbestand einer fahrlässigen Hehlerei folgern und ihn persönlich ersatzpflichtig machen könnte. Kurzum, man darf den Satz: wo du deinen Glauben gelassen hast, mußt du ihn wieder suchen, auch auf das Rückgriffsrecht und mittelbar auf den Lösungsanspruch des Besitzers anwenden, und stellt damit eine neue Seite dieses echt deutschen Rechtsgedankens fest: Der Besitzer hat seinem Veräußerer und nicht der Bestohlene seinem Diebe „geglaubt“, der Besitzer und nicht der Bestohlene mag also seinen Glauben suchen.

Ich verkenne natürlich nicht, daß der Rückgriff auch für den Besitzer seine Schwierigkeiten haben kann: dies ergibt sich schon aus den Bemerkungen S. 40 flg. Nur im Vergleich zum Rückgriffsrechte des Bestohlenen erachte ich diese Schwierigkeiten für gering. Außerdem glaube ich allerdings, daß das Gesetz dem Besitzer insoweit beistehen soll, als es die Klage des Eigenthümers gegen den redlichen Besitzer einer einjährigen Befristung unterwirft,[1]) während die Klage gegen den Dieb und Hehler ihre dreißigjährige Verjährung behalten muß. Auch scheint es mir zur Abkürzung des theilweisen Rückgriffes gut, daß man dem Veräußerer, welchem der Beklagte den Streit verkündet hat, die weitere Streitverkündigung an seinen Vormann erlaubt.

2. Es kann nach der Ausführung zu 1 nur zweifelhaft sein, ob der Lösungsanspruch ganz auszuschließen oder auf die Fälle gewerbsmäßigen Verkehres zu beschränken sei. Ich nehme ersteres an; allerdings gehe ich damit von einem schon im deutschen Rechte des Mittelalters anerkannten Satze ab; indeß nicht ohne Grund, da man nicht bezweifeln wird, daß die gestohlenen und verlorenen Sachen heutzutage nicht mehr dieselbe Bedeutung haben wie im Mittelalter. Hier und da wird freilich durch die gänzliche Aufhebung des Lösungsanspruches ein redlicher Käufer schwer geschädigt werden. Hier und da wird sogar der wirkliche Eigenthümer einer nicht gestohlenen Sache eine Einbuße erleiden, weil man ja der Sache nicht ansehen kann, daß sie nicht gestohlen ist, und deshalb mancher, welchem der Eigenthümer die Sache zum Kaufe anbietet, den Kauf ablehnen wird. Dies wird namentlich für Besitzer gelten, deren Person oder sonstiges Vermögen dem Käufer keine Bürgschaft für etwaigen späteren Schadenersatz bietet, z. B. für durchreisende Fremde, welche, in augenblicklicher Geldverlegenheit, Schmucksachen u. dergl. zu veräußern gezwungen sind. Indeß dies sind und bleiben Ausnahmefälle, welche theoretisch schlimmer erscheinen, als sie es thatsächlich sind. Sie halten den Gründen, welche zu 1 gegen den Lösungsanspruch angeführt sind, nicht die Waage. Man weiß ja, daß das Gesetz den Verkehr nicht gegen alle Gefahren schützen kann. Wie oft erleidet z. B. selbst ein erfahrener Geschäftsmann große Verluste, indem er auf Anweisungen, welche die geschickt gefälschte Unterschrift eines Kunden tragen, eine Zahlung leistet; und dennoch denkt kein Gesetz daran, diesen Verlust auf den Kunden abzuwälzen, indem es ihn aus der gefälschten Unterschrift seines Namens haftbar macht. So sollte das Gesetz auch den Besitzer einer gestohlenen Sache nicht auf Kosten des Bestohlenen schützen.

Will aber das Gesetz den Schutz nicht ganz versagen, so ist er einzuschränken[2]) auf den Fall, daß der Besitzer die Sache von einem Gewerbetreibenden in dessen Gewerbebetriebe entgeltlich erworben hat; dem Kaufmann, von dem code civil 2280 allein spricht, ist also auch

---

[1]) Siehe oben S. 32.

[2]) So auch Gierke XIII S. 313.

der Landwirth, z. B. wenn er Kartoffeln oder Ackerpferde verkauft, gleichzustellen.

3. Wird der Lösungsanspruch einmal in der allgemeinen Fassung des § 939 anerkannt, so ist er folgerichtig noch weiter auszudehnen. Zu erstatten ist nämlich nicht blos der Entgelt, welchen der Besitzer selbst, sondern auch der, welchen ein Rechtsvorgänger gegeben hat.[1]) Zu erstatten ist ferner der Entgelt auch dann, wenn der redliche Erwerber aus einem anderen Grunde, als weil die Sache gestohlen oder verloren ist, kein Eigenthum erwirbt. So im Falle des Konstituts, sofern man nicht die ausnahmsweise Behandlung desselben ganz aufgibt. Ferner bei Veräußerungen eines Gemeinschuldners;[2]) soll wirklich derjenige, welcher vom Diebe kauft, günstiger behandelt werden, als derjenige, welcher von dem in Konkurs verfallenen Eigenthümer kauft?

4. a) Der Lösungsanspruch des redlichen Pfandnehmers (§ 940) ist aus den gleichen Gründen zu streichen, wie der des redlichen Käufers. Will man ihn aber beibehalten, so ist der § 940 besser zu fassen. Denn die Worte: „nur auf Grund § 1147 nicht erworben", sind, wenn man den § 1147 vergleicht, ganz undeutlich. Ferner sollte doch, wenn die Pfandforderung noch nicht fällig, der Eigenthümer deren Betrag nicht sofort auszahlen müssen, sondern darf ihn einstweilen hinterlegen. Endlich dürfte nicht blos zu erstatten sein, was „gegen Empfang des Pfandes geleistet" ist, sondern auch ein Schuldbetrag, der nur gegen Empfang des Pfandes gestundet ist; ja selbst dann würde ich den Lösungsanspruch anerkennen, wenn das Pfand Zug um Zug gegen die Leistung des Gläubigers gegeben werden sollte und nur durch Säumniß des Schuldners verspätet übergeben ist.

b. Will man nach dem Vorbilde des französischen Rechtes den Lösungsanspruch auf Fälle gewerbsmäßiger Pfandbestellung beschränken, so ist nicht die Person des Pfandbestellers, sondern die des Pfandnehmers entscheidend. Auf diese Weise käme auch der zu 1. erwähnte durchreisende Fremde zu rechtlichem Schutze, da er seine Schmucksachen ja nicht zu verkaufen, sondern nur bei einem Gewerbtreibenden zu verpfänden braucht. Handelsgesetzbuch Art. 306 nahm dagegen fälschlich nur auf die Kaufmannseigenschaft des Verpfänders Rücksicht.

§ 941

kann fortbleiben, sobald in § 234 außer den dort bereits genannten §§ 364, 365 noch § 256 mitangeführt wird.

---

[1]) So auch anscheinend Theilentw. § 187. Siehe Entw. § 937.

[2]) Abw. Mot. zum Einf.-Ges. S. 110.

§ 943. Schutz des Eigenthumes gegen Störungen.

Der Schutz wird durch eine Klage nach dem Vorbilde der negatoria gewährt. Dabei bleibt unklar, ob die Klage auch bei Störungen Platz greift, welche von einem Nachbargrundstück ohne persönliches Zuthun des Nachbars ausgehen: z. B. eine dem Nachbar gehörige Mauer neigt sich in Folge eines Erdbebens über die Grenze. Nach dem Wortlaute des Entwurfes ist freilich eine Thätigkeit des Beklagten vorausgesetzt;[1]) aber sobald man annimmt, daß der Nachbar verpflichtet ist, alle derartigen von seinem Grundstücke ausgehende Störungen zu verhindern, kann man schon darin eine Thätigkeit des Beklagten finden, daß er in Verletzung dieser Pflicht die Störung zu verhindern unterläßt. Ist nun aber der Nachbar wirklich hierzu verpflichtet? Der Entwurf gewährt auf diese Frage keine zweifelsfreie Antwort,[2]) und eben deshalb wird man die Frage verneinen müssen. Der Nachbar muß also zwar gestatten, daß der Kläger die überhängende Mauer gerade richtet oder abreißt; aber er selbst ist nicht verpflichtet, dies zu thun, und braucht deshalb auch die Kosten nicht zu erstatten. — Nun lehren aber die Motive S. 426 das Gegentheil: „ein jeder, welcher Anlagen hält, ist verpflichtet, die Anlagen in einem solchen Zustande zu halten, bezw. auf einen solchen Zustand zurückzuführen, daß sie dem fremden Rechte keinen Eintrag thun". Sehr schön; jedoch steht dieser Satz leider nur in den Motiven und nicht im Entwurfe. Und auch die Motive wissen nicht recht, welcher Person jene Pflicht auferlegt werden soll, da sie S. 426 den „Eigenthümer, Besitzer, Inhaber", S. 425 dagegen „regelmäßig den Eigenthümer der Anlage, unter besonderen Umständen auch den besitzenden Nichteigenthümer oder den Inhaber der Anlage" als Schuldner bezeichnen. — Der § 943 ist also durch eine Vorschrift zu ergänzen, welche den Zwiespalt zwischen den Motiven und dem Entwurfe und den Zwiespalt der Motive mit sich selber beseitigt. In welchem Sinne, kann hier dahingestellt bleiben, da die Frage dem Nachbarrecht angehört, welches ich in dieser Abhandlung grundsätzlich nicht behandle.

§ 945. Dingliche Klage des Nichteigenthümers.

1. Der Entwurf überträgt die Eigenthumsklagen auch auf den Nichteigenthümer, sofern er nur den Besitz der streitigen Sache irgend einmal erweislich in gutem Glauben erworben hat; dem Eigenthümer gegenüber sowie gegenüber demjenigen Besitzer, welcher in einer der des Klägers gleichwerthigen Rechtslage sich befindet, also den Besitz gleich-

[1]) „Gegen denjenigen, von welchem sein Eigenthum beeinträchtigt wird".
[2]) Vergl. §§ 861, 864.

falls redlich erworben hat, versagt die Klage. Im Ganzen entspricht diese Klage der publiciana. Selbstverständlich bin ich der Meinung, daß, wenn diese Klage angenommen wird, bei ihr die gleichen Beschränkungen stattfinden müssen wie bei der Klage des wirklichen Eigenthümers. Siehe oben S. 40 flg.

2. Werden diese Einschränkungen aber zugestanden, so schlage ich zugleich vor, die Klage jedem Besitzer, auch demjenigen, welcher redlichen Besitzerwerb nicht zu beweisen vermag, zu gewähren. Es liegt nämlich keineswegs ein Widerspruch darin, daß ich so den Angriff des Klägers wider den gegenwärtigen Besitzer erleichtere, während ich S. 40 und soeben zu 1 umgekehrt einen kräftigeren Schutz des Besitzers gegen die Angriffe des Klägers gefordert habe. Denn meine Parteinahme für den Besitzer setzt voraus, daß dessen Rechtsstellung noch unerschüttert, die Unrechtmäßigkeit seines Besitzes unerwiesen sei. Ist aber der Angriff des Klägers auf die Besitzstellung des Beklagten gelungen, ist der Besitz des Beklagten als unrechtmäßig erwiesen, so ändert sich meine Parteinahme vollständig: denn jetzt ist nur die Frage, ob gerade der Kläger der rechte Mann ist, die Besitzmängel des Beklagten zu seinem Vortheile auszubeuten, ob er zur Klage „aktivlegitimirt“ ist; und ich bin nicht geneigt, zu Gunsten des unrechtmäßigen Besitzers dem Kläger diesen Nachweis zu erschweren.

Mein Vorschlag entspricht der geschichtlichen Entwickelung in den Hauptgebieten der Regel „Hand wahre Hand“ und, wenigstens für den Fall unfreiwilligen Verlustes der Gewahrsam, auch dem im größeren Theile Deutschlands geltenden, nämlich dem französischen, preußischen, lübischen Rechte; bei Grenzstreitigkeiten, welche doch im Grunde auf einer verhüllten Eigenthumsklage beruhen, erkennt sogar der Entwurf § 852 einen petitorischen Schutz des Besitzstandes an.[1]) Mein Vorschlag ist auch sachlich zweckmäßig; denn es ist unbillig, daß, nachdem die Unrechtmäßigkeit des Besitzes des Beklagten bereits festgestellt ist, dem Kläger noch der Beweis seines eigenen Besitzerwerbes auferlegt wird; die einzelnen S. 40 flg. gemachten Bemerkungen treffen auch hier zu, namentlich, daß dieser Beweis dem Kläger um so schwerer fallen wird, je länger er besessen hat; und selbst wenn es feststeht, daß der Kläger nicht der Eigenthümer ist, so verdient sein früherer Besitz im Verhältniß zu dem unrechtmäßigen Besitze des Beklagten dennoch einen dinglichen Schutz.

Man hat behauptet, die hier vorgeschlagene Ausdehnung der dinglichen Klage verdunkele die Grenzen zwischen dinglichem und persönlichem Rechte; unrichtig; mein Vorschlag zieht nur die Grenzen in anderer

---

[1]) Siehe auch §§ 1195, 825.

Richtung, als dies die Römer gethan; haben die Römer keinen Anstand genommen, dem publizianischen Besitzer eine eigenthumsähnliche Klage zu geben, so läßt sich grundsätzlich nichts dagegen sagen, daß man eine solche Klage jedem Besitzer gibt. Weiter hat man gesagt, daß die hier vorgeschlagene Regel nur zu einer Beweiserleichterung führe und dem Beklagten die unerquickliche Einrede offen lasse, daß das Eigenthum zwar nicht ihm, aber auch nicht dem Kläger, sondern einem Dritten zustehe (Motive S. 430). Gleichfalls unrichtig; denn mag die Regel auch in erster Reihe eine Beweiserleichterung für den Eigenthümer erstreben, so ist sie über diesen Zweck hinausgegangen und hat den Gedanken, daß dem Besitzer als solchem ein dinglicher Schutz zu gewähren sei, selbständig entwickelt; ganz das Gleiche ist auch bei der actio publiciana der Fall gewesen; die Einrede, daß ein Dritter der Eigenthümer sei, steht meinem Vorschlage nicht näher wie der publiciana.[1])

3. a) Die dingliche Klage gebe ich nicht blos dem Eigenbesitzer, sondern auch jedem Unterbesitzer.[2]) Zweifelhaft kann hierbei nur sein, ob auch der bloße Verwahrer die Klage verdient, ob also auch sein Unterbesitz, seine Inhabung durch dingliche Klage geschützt werden soll. Das deutsche Recht hat die Frage bejaht; ich glaube, mit Recht. Schon weil er seinem Auftraggeber verantwortlich ist oder weil er ein Zurückbehaltungsrecht hat, kann er ein Interesse an der Verfolgung der Sache haben; und wie oft thut eine schleunige Verfolgung der gestohlenen Sache auch gegen den dritten Besitzer noth; welch unzweckmäßige Weiterung wäre es, wenn dem Bestohlenen auch nur der Einwand entgegengesetzt werden dürfe, daß er bloßer Verwahrer der Sachen gewesen sei, oder wenn bei gleichzeitigem Diebstahl mehrerer Sachen aus einem Lagerhause nicht der Lagerhausbesitzer, sondern die mehreren Eigenthümer klagbar werden müssen.

b) Selbst den Einwand, daß der Kläger unredlicher Besitzer der Sache gewesen sei, lasse ich nicht zu. Alle solche Einwendungen aus dem Rechte eines Dritten sind selten ersprießlich.[3]) Im Einzelfalle mögen sie ganz passend erscheinen; aber in der großen Mehrzahl der Fälle sind sie nicht zu beweisen und dienen nur einer zwecklosen Verschleppung des Prozesses; das Gesetz thut wohl daran, wenn es dieselben von vornherein abschneidet. Soll doch auch der Dieb gegen Eingriffe Dritter nicht rechtlos sein; schon das römische Recht gewährt ihm die Besitzklage; auch

---

[1]) Dagegen hatte der Theilentw. §§ 200 flg. an Stelle der publiciana eine Klage aus vermuthetem Eigenthume aufgestellt.

[2]) So auch Theilentw. § 203.

[3]) Siehe auch oben S. 31.

die dingliche Klage sollte ihm nicht versagt bleiben, mag auch der zeitige Besitzer selber redlich sein. Wenn der Besitzer will, mag er dem wahren Eigenthümer den Streit verkündigen. — Allermindestens befreie ich den Kläger von der Pflicht, seine Redlichkeit beweisen zu müssen.

4. Wie unzweckmäßig die vom Entwurfe übernommene publiciana ist, ergibt sich aus Absatz 2.

a) Wenn Kläger und Beklagter gleichwerthigen Besitz zu beweisen im Stande sind, geht der des Beklagten vor. Die Folge ist, daß der Bestohlene gegen den redlichen Erwerber der gestohlenen Sache mit der publiciana nicht durchdringen kann, sondern außer dem Diebstahle sein volles Eigenthum beweisen muß. Es genügt also nicht, daß der Bestohlene beweist, er habe die Sache geerbt, sondern er muß außerdem das Eigenthum seines Erblassers oder zehnjährigen Besitz darthun!

b) Wenn Kläger und Beklagter ihren redlichen Besitz von demselben Rechtsvorgänger ableiten, so hat diejenige Partei den Vorzug, welche sich auf die frühere „Veräußerung" (soll wohl heißen: „Uebergabe") stützt. Man nehme das schon öfter gebrauchte Beispiel: Der Händler B. verkauft und übergibt ein dem A. gehöriges Pferd widerrechtlich dem C., und nachdem dieser es ihm zur Verwahrung zurückgebracht, verkauft und übergibt er es nochmals dem D. Hat nun B. das Pferd dem A. gestohlen, so kann nach §§ 879, 945 C. gegen D. auf Herausgabe des Pferdes klagen; hat B. dagegen das Pferd unterschlagen, so verliert C. den Prozeß gegen D. Ein seltsamer Rechtsstreit, bei welchem der Kläger um deshalb obsiegt, weil die streitige Sache einer dritten Person, welche ihn und den Beklagten im Uebrigen rechtlich nichts angeht, gestohlen ist!

5. Soll der publizianische Besitzer nicht auch die Eigenthümerrechte gegenüber dem Nießbraucher und Pfandgläubiger haben? Siehe z. B. § 1006, 1156. Vergl. auch § 1195 Abs. 1, wo nur vom „Verpfänder" die Rede ist.

6. Mein Vorschlag, welcher die dingliche Klage auf jeden Besitzer ausdehnt, bedeutet nicht, daß nun von einer Eigenthumsklage oder gar von dem Eigenthume selbst keine Rede mehr sei und statt dessen nur von Besitzklagen und Besitz gesprochen werden dürfe. Vielmehr bleibt nach wie vor das Eigenthum das oberste Recht an der Sache und die Eigenthumsklage die oberste dingliche Klage. Der gewöhnliche Besitzer kann mit seiner Klage gegen jeden dritten Besitzer durchdringen; wenn aber der Eigenthümer ihn belangt, so unterliegt er diesem. Ebenso kann, wenn eine dem Besitzer gestohlene Sache schließlich in die Hände des Eigenthümers kommt, dieser die Klage des Besitzers durch Einrede abwehren. Endlich ist die Klage des Eigenthümers von der eines Unter-

besitzers verschieden, was die Herausgabe der Früchte, was Schadenersatz angeht u. s. f. — Eine nähere Ausführung über das Verhältniß von Eigenthum und Besitz kann hier natürlich nicht versucht werden.

7. Das deutsche Recht gewährt, wenn der Eigenthümer eine Sache in die Gewahrsam eines Anderen gegeben hat und die Sache bei diesem gestohlen wird, die dingliche Diebstahlsklage nur dem Inhaber, nicht dem Eigenthümer. Dies entspricht dem heutigen Rechtszustande nicht. Die Klage muß vielmehr allen beiden zustehen. Schwierigkeiten werden dadurch nicht entstehen. Wenn eine Sache beim Nießbraucher gestohlen wird, so ist eine doppelte Klagberechtigung dem heutigen Rechte ganz geläufig; ebenso kann die vindicatio und publiciana neben einander verschiedenen Personen zustehen.

Abschnitt 7. Titel 2.

Nießbrauch.

I. Nießbrauch an Sachen.

§ 983. Begründung.

Bei beweglichen Sachen ist, wie in Preußen (abweichend vom römischen und französischen Rechte), Uebergabe nöthig. Nach den Bemerkungen S. 22 angemessen. — Wem der Nichteigenthümer den Nießbrauch einer Sache bestellt, erlangt, auch wenn er den Besteller gutgläubig für den Eigenthümer hält, ein dingliches Recht an der Sache nicht. Die Motive S. 496 begründen diese Regel damit, daß für den Schutz des gutgläubigen Nießbrauchserwerbers kein Verkehrsbedürfniß spreche. Aber umgekehrt steht auch kein Verkehrsbedürfniß entgegen. Warum also, nachdem für Eigenthum und Pfandrecht der Satz „Hand wahre Hand" angenommen ist, für den Nießbrauch eine Ausnahme machen? Thatsächlich ist die Frage freilich recht unwichtig, da der Nießbrauchserwerb fast immer unentgeltlich ist; siehe S. 27, 4. Ueber den Fruchterwerb des Putativ-Nießbrauchers siehe S. 34, 2.

§§ 984 flg. Inhalt des Nießbrauches.

Der Entwurf folgt im Ganzen dem geltenden Rechte. Nur spricht er dem Nießbraucher an sämmtlichen von ihm gezogenen Früchten das Eigenthum zu, selbst wenn ihre Trennung die wirthschaftliche Nutzung überschreitet; blos persönlich soll er dem Eigenthümer auf den Werthersatz haften.[1]) Wenn der Nießbraucher also einen ganzen Wald abholzt und die Stämme an eine Person verkauft, welche genau weiß, daß er bloßer Nießbraucher ist, kann der Eigenthümer dem Käufer nichts anhaben. Woher diese Schonung des schlechtgläubigen Erwerbers? Für den gutgläubigen Erwerber ist ja ohnehin durch den Satz „Hand wahre Hand" gesorgt. Soll ferner auch für den Pächter das Gleiche gelten? Ich würde die Regel streichen.

§ 991. Pflichten des Nießbrauchers.

Sie bestehen doch nicht blos, wie § 991 sagt, gegenüber dem Eigenthümer, sondern — wenigstens theilweise — auch gegenüber dem redlichen Eigenbesitzer, dem Pfandgläubiger u. s. f., und auch gegenüber dem Besteller und seinen Erben. Vergl. zu § 1195. Deshalb wird die Person des Berechtigten besser gar nicht bezeichnet.

§§ 992 flg. Feststellung des Zustandes der Nießbrauchssache.

Zweckmäßige Vermittelung zwischen römischem und preußischem Rechte. Eine Vermuthung,[2]) daß die Nießbrauchssache, falls nicht schon bei der Uebernahme das Gegentheil festgestellt wird, in gutem Stande gewesen sei, ist nicht vorgeschrieben; mit Recht; sie würde für den Nießbraucher zu gefährlich sein.

§ 1000. Grundstücksinventar.

Der Nießbraucher hat ein Veräußerungsrecht am Grundstücksinventar. Ein gleiches Recht sollte auch beim Nießbrauche an anderen Vermögensinbegriffen anerkannt werden.

„Der Nießbraucher ist verpflichtet, diejenigen Stücke des Inventars, welche abgehen oder nach den Regeln einer ordentlichen Wirthschaft auszuscheiden sind, durch andere zu ersetzen", ohne[3]) daß ihm der Anschaffungswerth vergütet wird. Also wenn im ersten Jahre des Nießbrauches ein großes Viehsterben erfolgt, soll der Nießbraucher das ganze Vieh auf eigene Kosten ersetzen! Die Motive S. 513 sind selber über diese Vorschrift so erstaunt, daß sie auf eigene Faust erklären, die Ersatzpflicht beziehe sich nur auf gewöhnliche Abgänge und nicht auf außergewöhnliche Unglücksfälle. Aber auch wenn diese gewaltsame Auslegung des § 1000 gebilligt wird, ist die Vorschrift immer noch verkehrt. Wenn z. B. der Nießbrauch sich auf ein kleines Ackerland sammt einer alten

---

[1]) Der Theilentw. hat diese Regel noch nicht. Vergl. §§ 276, 282, 154.

[2]) Wie im Pr. A. L. R. I, 21 § 67.

[3]) § 1010 („Verwendungen, zu welchen er verpflichtet war".)

Kuh bezieht und in den ersten Tagen des Nießbrauches die Kuh ohne jeden außergewöhnlichen Unglücksfall, vielmehr nach dem gewöhnlichen Lauf der Dinge, „abgeht", soll hier der Nießbraucher wirklich auf eigene Kosten eine neue Kuh anschaffen? — Die richtige Lösung der Frage liegt in der zu § 1003 vorgeschlagenen Amortisationspflicht.

§§ 1003 flg. Lasten der Nießbrauchssache.

Sie sollten, soweit sie überhaupt den Nießbraucher treffen, ihm nach Verhältniß der Zeitdauer seines Nießbrauches aufgelegt werden. Siehe oben S. 7. Sonderbarer Weise erkennt der Entwurf dies nur für Hypothekenzinsen und Versicherungsprämien, nicht aber für Steuern, Reallasten u. dergl. an. — Die Hypothekenzinsen legt der Entwurf dem Nießbraucher unbedingt auf. Dies geht zu weit. Denn oft hat die durch Hypothek gesicherte Forderung mit dem Grundstücke nichts zu thun, und die Parteien haben nicht die geringste Absicht, die Bezahlung der Hypothekenzinsen auf die Früchte der Nießbrauchssache anzuweisen. So oft bei Kautionshypotheken. Ich glaube deshalb, der Entwurf sollte nur eine Vermuthung aufstellen, daß dem Nießbraucher die Berichtigung der Hypothekenzinsen obliege.[1] Die Vermuthung wird fortfallen, wenn sich aus den Umständen ergibt, daß die Hypothekenzinsen zu den Pfandfrüchten keine Beziehung haben; auch der Rechtsnachfolger des Bestellers muß sich diesen Gegenbeweis gefallen lassen.

Entgegen dem Entwurfe § 1007 verpflichte ich den Nießbraucher auch zum Ersatze für die allmähliche Abnutzung von Nießbrauchsgebäuden, welche die Folge seiner Nutznießung ist; er hat deshalb je nach dem Grade der Abnutzung und der Zeitdauer des Nießbrauches einen Amortisationsbeitrag zu entrichten, welcher meist erst bei Beendigung des Nießbrauches fällig und vorher höchstens gemäß § 1005 sicherzustellen ist. Mir scheint diese Amortisationspflicht nahezu selbstverständlich. Denn der Nießbraucher ist zu den gewöhnlichen Ausbesserungen und Wiederherstellungen der Nießbrauchssache verpflichtet (§ 998); zu diesen gehören aber, richtig verstanden, auch Maßregeln, welche sich nicht alljährlich, sondern erst in größeren Zwischenräumen wiederholen, z. B. die Erneuerung des Anstriches oder des Daches eines Hauses. Jeder gute Wirth bestreitet die hierzu erforderlichen Ausgaben aus den Einnahmen des Hauses, und zwar belastet er nicht die Einnahmen eines einzigen Jahres damit, sondern er sammelt von Jahr zu

---

[1]) Der Theilentw. § 303 und die Mot. dazu Bd. 2 S. 1239 wollen selbst diese Vermuthung nicht zulassen. Doch entspricht sie im Ganzen den thatsächlichen Verhältnissen.

Jahr ein Erneuerungskapital. Die Aktiengesellschaften sind zu einer derartigen Wirthschaftsführung sogar gesetzlich verpflichtet (Handelsgesetzbuch Artikel 185a Nr. 3). Und der Nießbraucher soll von dieser Pflicht frei sein? Er soll die großen Ausbesserungen so lange aufschieben können, als es irgend möglich ist, und wenn sein Nießbrauch ein paar Monate vor dem Zeitpunkte erlischt, in welchem die Ausbesserung unumgänglich geworden, soll er zu deren Kosten nicht einmal einen Antheil beitragen? — Außerdem wird der Nießbraucher einer rasch abnutzbaren Sache, falls man ihm keine Amortisationspflicht auflegt, vor dem Nießbraucher einer verbrauchbaren Sache in der ungerechtesten Weise begünstigt. — Auch ist es nicht einmal schwierig, die Höhe des Amortisationsbeitrages festzustellen. Jeder sorgsam wirthschaftende Hauseigenthümer, jeder Käufer eines Hauses muß denselben berechnen, um die wirkliche Reineinnahme des Hauses zu ermitteln, und wenn bei einer Handelsgesellschaft zwischen den Genossen ein Streit über die Höhe des Jahresgewinnes ausbricht, so ist gleichfalls eine Abschätzung der Amortisationsbeiträge nicht zu umgehen. — Man wende nicht ein, daß auch der Miether für die allmähliche Abnutzung der Miethsache nicht aufkomme. Denn bei der Miethe sind Ausbesserungen Sache des Vermiethers, und dieser kann gerade aus den Miethszinsen die Mittel zur Bezahlung der Ausbesserungen ansammeln. Dem Eigenthümer eines Nießbrauchsgrundstückes stehen derartige Einkünfte nicht zur Verfügung.

Aehnlich ist der Nießbraucher auch bei Nutzvieh u. s. f. zur Amortisation verpflichtet. Vergleiche zu § 1000.

Auch bei dem Nießbrauch eines Bergwerkes ist dem Nießbraucher die Ausbeute nur nach Abzug eines Amortisationsbeitrages zuzusprechen. Freilich ist dessen Abschätzung sehr schwierig; unmöglich ist sie aber nicht, da sie mit der Frage, wie viel ungehobene Schätze das Bergwerk zu Anfang und Ende des Nießbrauches enthält, nichts zu thun hat, vielmehr gerade den wirklich während des Nießbrauches gehobenen Mineralien entsprechen muß. Auch die Aktienbergwerke müssen wohl oder übel alljährlich eine gleiche Abschätzung vornehmen. Eine nähere Ausführung kann hier nicht gegeben werden. Ich bemerke nur, daß die Frage in der Gesetzgebung bisher nicht befriedigend gelöst ist. Preußen spricht dem Nießbraucher nur die Zinsen der Ausbeute zu; die Ausbeute enthält aber zum guten Theile Früchte des Bergwerkes (z. B. den sogenannten „Unternehmerlohn"), insoweit bekäme also der Nießbraucher nur die Frucht der Frucht. Umgekehrt gibt Sachsen und der Entwurf §§ 792, 989, Motive S. 70 dem Nießbraucher die Ausbeute selbst; die Ausbeute wird aber zum guten Theil vom Bergwerkskapital genommen und zehrt dasselbe auf; insoweit bekäme also der Nießbraucher auch die Substanz des Bergwerkes. Beide Berechnungen sind gleich falsch. Man kann, falls die von mir vorgeschlagene abgelehnt wird, zwischen ihnen beiden loosen. — Um einen bergrechtlichen Raubbau des Nießbrauchers zu verhindern, ist die Vorschrift nöthig, daß er den Bergbau in landesüblicher Weise, also nicht mit übertriebener Beschleunigung, ausübt. Die Motive S. 69 flg. hoffen, daß die dem Nießbraucher auferlegte „bestimmungsmäßige" Nutzung gleichfalls zur Schonung des Bergwerkes führen wird; mit Unrecht; „bestimmungsmäßig" ist auch ein mit äußerster Beschleunigung betriebener Bergbau. Umgekehrt will der Theilentwurf § 283 den Nießbraucher an die vom Besteller des Nießbrauches beobachtete Betriebsart binden; das geht aber nicht an, weil diese Betriebsart gar zu sehr von Zufällen, z. B. Mangel an Betriebskapital, ungünstigem Stande der Preise, abhängig gewesen sein mag.

§ 1005. Sicherheitsleistung.

Zur Sicherheitsleistung ist der Nießbraucher nicht so allgemein verpflichtet, wie in Rom, sondern nur, wenn er eine Verletzung der Rechte des Eigenthümers besorgen läßt.

§ 1006. Zwangsverwaltung.

Diese sollte nicht — wie der Entwurf will — bei jeder bereits vollendeten erheblichen Pflichtverletzung, gleichsam als Strafe, eintreten, sondern nur, wenn auch für die Zukunft weitere Pflichtverletzungen zu besorgen sind.

§ 1008. Miethverträge des Nießbrauchers.

Bei Aufhebung des Nießbrauches werden sie ebenso behandelt, wie Miethverträge des Eigenthümers, wenn dieser den Miethgegenstand verkauft, also nach der Regel: „Kauf bricht Miethe". Nun ist letztere Regel zweifellos zu beseitigen. Dagegen ist ihre entsprechende Uebertragung auf die Miethverträge des Nießbrauchers beizubehalten. So wenigstens dann, wenn der Miether weiß oder aus dem Grundbuche wissen muß, daß der Vermiether Nießbraucher ist; denn alsdann ist ihm bekannt, daß das Verfügungsrecht des Vermiethers zeitlich beschränkt ist. — Daß dem Miether trotzdem eine Räumungsfrist eingeräumt wird, mag der Billigkeit entsprechen. Doch muß der Nießbraucher für den Verlust, welchen der Eigenthümer durch die Einhaltung der Räumungsfrist erleidet, Schadenersatz leisten: so namentlich dann, wenn der vom Miether zu zahlende Miethzins zu gering oder wenn der Miether zahlungsunfähig ist. (Abw. Motive S. 522.)

§§ 1009 flg. Verwendungen des Nießbrauchers.

Ueber § 1009 siehe S. 5. — Im Uebrigen würde ich dem Nießbraucher für seine Verwendungen nur nach Maßgabe des besonderen zwischen ihm und dem Besteller des Nießbrauches bezw. dem Eigenthümer bestehenden Rechtsverhältnisses — regelmäßig also nach dem Rechte auftragloser Geschäftsführung — Ersatz gewähren; danach sind im Zweifel nur solche Verwendungen zu erstatten, von denen anzunehmen ist, daß der Besteller oder Eigenthümer sie bei Kenntniß der wirklichen Sachlage gebilligt haben würde (§ 753). Dem entgegen will der Entwurf[1]) (nach dem Vorgange Sachsens) den Nießbraucher ganz so behandeln wie den mit der Eigenthumsklage belangten (redlichen) Besitzer; es wären ihm also alle Verwendungen zu erstatten, die den Eigenthümer objektiv bereichern, selbst wenn dieser sie voraussichtlich nicht genehmigt haben würde, ja sogar, wenn er sie ausdrücklich verboten hat. Sehr mit Unrecht. Denn wenn beim redlichen Besitzer der Erstattungsanspruch von der voraussichtlichen Genehmigung des Eigenthümers nicht abhängig gemacht ist, so beruht dies einfach darauf, daß jener den Eigenthümer zur Zeit der Verwendung nicht kennt und deshalb auf ihn und seine besonderen Verhältnisse nicht Rücksicht zu nehmen vermag. Dieser Grund trifft beim Nießbraucher nicht zu, und es fehlt deshalb jeder Anlaß, eine gleiche Ausnahme von dem Rechte auftragloser Geschäftsführung auch für ihn aufzustellen. — Höchstens könnte man fragen, ob nicht für gewisse nothwendige Ausgaben, z. B. Ausbesserung eines den Einsturz drohenden Hauses, ein Ersatzanspruch unbedingt (selbst bei Verwendungen gegen ein Verbot des Eigenthümers) zuzubilligen ist. Ich glaube, nein. Denn ob ein Rechtsgrund für solchen Ersatzanspruch vorhanden, hängt von dem besonderen zwischen Nießbraucher und Eigenthümer bestehenden Rechtsverhältnisse ab und läßt sich nicht allgemein entscheiden. Regelmäßig, z. B. bei dem unentgeltlich erworbenen Nießbrauch, wird ein solcher Rechtsgrund fehlen. (Vergl. unten zu § 1159 S. 73.)

§§ 1011 flg. Veräußerung des Nießbrauches.

Sie ist gestattet, ohne daß aber die Dauer des Nießbrauches dadurch verändert wird. Der Erwerber des Nießbrauches haftet dem Eigenthümer persönlich; der Veräußerer steht als Bürge für ihn ein, jedoch ohne Einrede der Vorausklage.

---

[1]) Der Theilentw. § 317 folgt umgekehrt dem preuß. Rechte und läßt Erstattung nur dann zu, wenn der Eigenthümer sie zugesichert hat. Dies ist doch zu eng.

§§ 1014 flg. Aufhebung.

Der Nießbrauch ist nicht vererblich; bei juristischen Personen dauert er längstens 100 Jahre.

Der Verzicht auf den Nießbrauch muß dem Eigenthümer erklärt werden. Er wäre also ungültig, wenn die Verzichtserklärung an eine Person geschah, welche der Nießbraucher irrthümlich für den Eigenthümer hielt; und wenn der Eigenthümer unbekannt ist, müßte ihm, lediglich zur Empfangnahme des Verzichtes, ein Pfleger bestellt werden. Richtiger scheint es mir, daß der Nießbraucher sich seiner Rechte durch einseitigen Verzicht begeben kann und sich von den Pflichten nach Maßgabe des besonderen zwischen ihm und dem Besteller bestehenden Rechtsverhältnisses, z. B. durch Hinterlegung der Nießbrauchsache, befreit.

§ 1017. Klage des Nießbrauchers.

Die für die Eigenthumsklage gegebenen Regeln sollen entsprechend angewendet werden. Hiernach braucht der Nießbraucher die Verwendungen des Besitzers nur entsprechend zu erstatten, wie der Eigenthümer. Also anscheinend nur, soweit er durch die Verwendung bereichert ist.[1]) Regelmäßig wird er mithin Kapitalaufwendungen nicht (oder doch nur zum Theil) zu vergüten brauchen. Aber auch an den Eigenthümer kann der Besitzer sich wegen dieser Verwendungen nicht halten; denn dessen Erstattungspflicht kann nur in Frage kommen, wenn die Sache an ihn selber herausgegeben wird; wäre es doch höchst unbillig, wenn der Eigenthümer für eine Sache, welche ihm vielleicht auf Jahrzehnte hinaus keinen Nutzen bringen wird, schon jetzt große Auslagen machen müßte. Der Besitzer wird also mit seinem Erstattungsanspruch warten müssen, bis der Nießbrauch erlischt und die Sache an den Eigenthümer zurückgelangt. Dies ist aber wieder eine Unbilligkeit gegen den Besitzer. — Man sieht, daß es ein Mißgriff des Entwurfes ist, den Erstattungsanspruch des Besitzers auf eine Bereicherung des Klägers zurückzuführen. Richtig ist es allein, dem redlichen Besitzer das Recht auf Vergütung aller objektiv nützlichen Verwendungen gegenüber jedem Kläger zu gewähren, gleichgültig, welcher Art das Recht und das Interesse des Klägers zur Sache ist, also auch gegenüber dem Nießbraucher.

§§ 1018 flg. Verbrauchbare Sachen.

Der Entwurf läßt sie sofort ins Eigenthum des Nießbrauchers übergehen, sobald dessen Nießbrauch beginnt, und legt ihm sofort ihre

---

[1]) Siehe Mot. S. 809.

Gefahr auf. Ich würde dagegen den Eigenthumsübergang erst eintreten lassen, wenn der Nießbraucher die Sachen sich durch (einseitige) Erklärung aneignet oder wenn er thatsächlich beginnt, sie zu verbrauchen. Dies stimmt in der Hauptsache mit den Regeln, welche der Entwurf selbst [1]) für den gesetzlichen Nießbrauch und für den Nießbrauch an Forderungen aufstellt, überein und ist allein sachgemäß. Denn bei manchen Sachen ist es zweifelhaft, ob der Nießbraucher sie verbrauchen will: z. B. bei einem großen Weinkeller; auch mag der Nießbraucher bei Erwerb des Nießbrauches manche Sachen irrthümlich für unverbrauchbar gehalten haben, z. B. wenn er nicht wußte, daß eine gewisse Viehheerde Mastvieh enthielt. Soll er nun trotzdem, blos weil er den Nießbrauch nicht alsbald abgelehnt hat, unbedingt die Gefahr dieser Sachen tragen und für ihren Werth zur Zeit des Nießbraucherwerbes haften? Es wäre dies hart für ihn, wenn die Weine bei einer Feuersbrunst zu Grunde gehen oder in der Heerde eine Krankheit ausbricht.

II. Nießbrauch an Rechten.

Die Regeln vom Sachnießbrauch werden entsprechend angewendet, soweit nicht Abweichungen bestimmt sind.

§ 1022. Nicht übertragbare Rechte.

Soweit ein Recht nicht übertragbar ist, kann durch Rechtsgeschäft kein Nießbrauch daran begründet werden.

Die Motive S. 539 rechnen auch die Gesellschaftsantheile hierher und halten einen Nießbrauch an ihnen für unzulässig. Unrichtig; denn die Schiffsparten und mit Erlaubniß der anderen Genossen auch Antheile an einer offenen Handelsgesellschaft sind übertragbar.[2])

§ 1024. Verfügung über Rechte, die unter Nießbrauch stehen.

Die Verfügung seitens des Eigenthümers ohne Zustimmung des Nießbrauchers wird für „unwirksam" erklärt. Danach ist der Gläubiger einer unter Nießbrauch stehenden Forderung, welcher auf die Forderung verzichtet hat, selber an den Verzicht nicht gebunden und kann, nachdem der Nießbrauch erloschen, die Forderung geltend machen. Warum? Es reicht aus, wenn die Verfügung nur dem Nießbraucher unnachtheilig ist. Kennt doch der Entwurf selbst (§ 1032) den Fall, daß eine mit Nieß-

---

1) §§ 1030, 1294.

2) Richtig Theilentw. § 340.

brauch belastete Forderung nur in der Person des Nießbrauchers fortbesteht.

§ 1027. Leibrenten.

Bei diesen besteht der allgemein übliche Gebrauch und Genuß in der Aufzehrung der fälligen einzelnen Renten und damit allmählich auch in der Aufzehrung der Substanz des gesammten Rentenrechtes; und zwar ist es nicht üblich, durch theilweises Aussparen die Substanz des Rentenrechtes dem Werthe nach zu erhalten bezw. zu amortisiren. Demgemäß ist ein eigentlicher oder uneigentlicher Nießbrauch an einer Leibrente, wenn deren bestimmungsmäßige Nutzung dem Nießbraucher zufallen soll, einfach unmöglich. Der muthmaßlichen Parteiabsicht entsprechend wird deshalb die Bestellung eines Rentennießbrauches als befristete und bedingte Abtretung des Rentenrechtes behandelt und demgemäß dem Nießbraucher die allmähliche Aufzehrung der Substanz des Rentenrechtes ohne Werthersatz gestattet; nur soweit es mit dieser Auffassung verträglich, kommen die Regeln vom Nießbrauch, z. B. bezüglich der Dauer der Berechtigung, zur Anwendung. — Im Ergebniß stimmt der Entwurf hiermit überein. Unzureichend ist aber, wie die Motive S. 543 den § 1027 begründen.

§§ 1028 flg. Forderungen.

Beim Nießbrauch an einer unverzinslichen Forderung ist der Nießbraucher berechtigt und verpflichtet, die Forderung einzuziehen. Mit der an ihn bewirkten Leistung des Forderungsgegenstandes erwirbt er an dem Gegenstande den Nießbrauch. Soll letzteres auch gelten, wenn der Leistende gar nicht Eigenthümer des Gegenstandes war?

Geht die Nießbrauchforderung auf verbrauchbare Sachen, so kann der Nießbraucher bei Fälligkeit der Forderung, statt sie für Rechnung des Gläubigers einzuziehen, ihre Abtretung verlangen. Ich würde dagegen gestatten, daß der Nießbraucher das volle Gläubigerrecht durch seine einseitige Erklärung erwirbt: dies entspricht dem Wesen des dinglichen Rechtes und ist einfacher als die zweiseitige Abtretung. Einseitige Erklärungen dieser Art erkennen die Motive S. 550 für den § 1031 selber an. Bei Wechseln u. dergl. ist die einseitige Aneignung natürlich nicht genügend; hier muß der bisherige Gläubiger indossiren.

Bei befristeten unverzinslichen Forderungen ist eine bestimmungsmäßige Nutzung meist nicht möglich; allerdings könnte man eine Nutzung künstlich schaffen, indem man dem Nießbraucher den Zwischenzins der Forderung zuspricht; allein es ist nicht abzusehen, wer den Zwischenzins zahlen soll, da man doch unmöglich dem Besteller und seinen Erben zumuthen darf, den Zins aus eigener Tasche auszulegen; daß aber der

Zwischenzins bei Fälligkeit der Forderung vom Kapitale abgezogen werden soll, geht gleichfalls nicht an, da dies eine Ungerechtigkeit gegen denjenigen Nießbraucher wäre, dessen Nießbrauch unglücklicherweise vor Fälligkeit der Forderung erloschen ist. Man sieht, daß die Berechnung von Zwischenzinsen nicht zur bestimmungsmäßigen Nutzung unverzinslicher Forderungen gehört, und daß also der Nießbrauch an solchen Forderungen vor Eintritt der Fälligkeit so wenig Ertrag liefert, wie der Nießbrauch an einem unfruchtbaren Steinacker. So auch der Entwurf. Nur hätte er für solche Forderungen, welche diskontirt zu werden pflegen, z. B. Wechsel, Reichsschatzanweisungen, eine Ausnahme machen sollen; hier ist der Zwischenzins bestimmungsmäßige Nutzung; deshalb gestatte ich dem Nießbraucher, schon vor Fälligkeit derartiger Forderungen sich dieselben anzueignen bezw. die Indossirung des Wechsels an sich zu verlangen.

„Auf Zinsen ausstehende Forderungen" dürfen vom Nießbraucher nur unter Mitwirkung des Gläubigers eingezogen werden. Die Motive S. 550 begründen dies damit, daß solche Forderungen „ein dauerndes fruchttragendes Vermögensstück bilden". Thatsächlich bezwecken aber manche verzinsliche Forderungen eine dauernde Kapitalanlage nicht, sondern gehören im Gegentheil zum umlaufenden Kapital; ich erinnere an die „täglichen Gelder" der Bankiers, d. h. die Geldbeträge, welche das Publikum bei den Bankiers auf tägliche Kündigung hinterlegt, um einen kleinen Zinsgewinn von dem Gelde zu haben, mehr aber noch, um der Verwahrung des Geldes enthoben zu sein, an die laufenden auf Kontokorrent gebuchten Geldforderungen, an die preußischen Schatzanweisungen u. s. f. Der Entwurf müßte also von „Kapitalforderungen" oder von Forderungen sprechen, „welche ihrer Art nach einer dauernden Vermögensanlage dienen". Dadurch werden übrigens mit Recht auch gewisse unverzinsliche Forderungen mitbetroffen, z. B. unverzinsliche Prämienpapiere; der Entwurf § 1036 Abs. 4 gesteht letzteres nur für Inhaberpapiere zu.

Ist eine verzinsliche Forderung eingezogen, so soll die Neubelegung des Kapitals — in Ermangelung eines anderweiten Uebereinkommens von Nießbraucher und Eigenthümer — mündelsicher erfolgen. Ich meine, daß dies zu weit geht: so lange eine Belegung möglich ist, welche der bisherigen an Sicherheit mindestens gleichkommt, muß der Nießbraucher befugt sein, selbst gegen den Willen des Eigenthümers diese Belegung, auch wenn sie nicht mündelsicher ist, zu wählen. Beispiel: ein Nießbrauchkapital besteht in 6prozentigen Rumäniern; ein Stück wird ausgeloost; nach meinem Vorschlage kann der Nießbraucher an Stelle des ausgeloosten ein neues Stück der gleichen Anleihe anschaffen und braucht nicht auf preußische Konsols u. dergl., welche knapp $3^3/_4$ Prozent bringen, zurückzugreifen.

§§ 1036 flg. Inhaberpapiere.

1. Inhaberpapiere, an denen ein Nießbrauch besteht, sind, in Ermangelung einer anderweiten Vereinbarung zwischen Eigenthümer und Nießbraucher, öffentlich zu hinterlegen. Sachgemäß: weil sie eine Sicherung des Eigenthümers besonders dringend fordern und besonders leicht gestatten. Deshalb ist die gleiche Behandlung auch für manche Legitimationspapiere, für gewisse in blanco indossirte Papiere (z. B. Namensaktien, Grundschuldbriefe) u. dergl. angemessen.

2. Wird ein Inhaberpapier durch eine bei der Bestellung des Nießbrauches nicht bekannte Ursache unsicher, so muß sowohl der Nießbraucher wie der Eigenthümer die Befugniß haben, den Verkauf des Papieres zu verlangen.[1]) Allerdings mögen dadurch, daß bei dem Verkauf meist nur ein ungünstiger Preis zu erreichen ist, erhebliche Verluste entstehen; allein das Behalten der Papiere kann vielleicht noch größere Nachtheile im Gefolge haben. Der Entwurf erkennt dies nicht an, beläßt es also bei der äußerlichen Regel, daß bei Meinungsverschiedenheiten über den Verkauf eines Papieres stets der Stimme der Vorrang gebührt, welche sich gegen den Verkauf erklärt. Folgerichtig dürfte man aber auch die Kündigung unsicher gewordener Forderungen nur bei Einstimmigkeit der Betheiligten erlauben (anders als § 1033), weil auch diese Kündigung sehr nachtheilig sein kann, z. B. wenn sie den Schuldner zum Konkurse treibt.

3. Daß auch unverzinsliche Inhaberpapiere wie verzinsliche Forderungen behandelt werden sollen, ist nur für einen Theil derselben richtig (siehe S. 65), nicht z. B. für Lagerscheine auf den Inhaber, für Zinsscheine, die aus der Zeit vor Beginn des Nießbrauches rückständig sind, u. s. f.

4. Zur Begründung des Nießbrauches an Inhaberpapieren genügt nach dem Entwurf „an Stelle der Uebergabe[2]) des Papieres an den Nießbraucher die Einräumung und Ergreifung der gemeinschaftlichen Inhabung oder die für den Eigenthümer und den Nießbraucher erfolgende öffentliche Hinterlegung des Papieres".[3]) Hiernach ist zunächst die Bestellung des Nießbrauches durch „Inhabungskonstitut" ausgeschlossen: der Eigenthümer darf nicht die alleinige Inhabung, so daß er diese Inhabung zugleich im Namen des Nießbrauchers ausübt, behalten. Der

---

[1]) Richtig Theilentw. § 338.

[2]) Siehe über diesen Ausdruck oben S. 12.

[3]) Der Theilentw. hat diese sonderbare Bestimmung noch nicht.

Grund dieser Bestimmung ist völlig dunkel. In der besonderen Natur der Nießbrauchsbestellung liegt er nicht; denn beim Sachnießbrauch wird das Konstitut im Entwurf selbst ausdrücklich als zulässig anerkannt (§ 983). In der besonderen Natur der Inhaberpapiere kann er aber ebensowenig liegen; denn, ihrer Benennung ungeachtet, ist auch bei diesen die Stellvertretung in der Inhabung nicht ausgeschlossen; welches Gericht würde z. B. eine Klage, die ein Rechtsanwalt aus einem in seinen Händen befindlichen Inhaber-Zinsschein Namens eines Auftraggebers erhebt, abweisen, weil der Rechtsanwalt selber der alleinige „Inhaber" sei und deshalb die Klage hätte in eigenem Namen anstellen müssen? Ebenso ist die Uebertragung des Eigenthums an Inhaberpapieren durch Besitzkonstitut im geltenden Rechte, namentlich bei Börsenpapieren, welche kommissionsweise durch einen Bankier angekauft werden, stets anerkannt worden, und der Entwurf, der die Inhaberpapiere im Verfolge der §§ 874 flg. besonders aufführt, hätte, wenn er ihre Uebereignung durch Konstitut für unzulässig hielt, dies ausdrücklich bestimmen müssen. Genügt also das Konstitut für die Uebereignung, so sollte es auch für die Nießbrauchsbestellung genügen. Oder will das Gesetz verhindern, daß die „Vergemeinsamung" des Gläubigerrechtes, welche Folge des Nießbrauches ist, durch ein Konstitut gar zu sehr verschleiert werde? Alsdann müßte es auch die Aushändigung der Papiere in die alleinige Inhabung des Nießbrauchers verbieten, und dies Verbot ist, da die gemeinsame Inhabung nur für genügend, nicht für nothwendig erklärt ist, bestimmt nicht ergangen. Wo ist also der Grund für die Unwirksamkeit des Konstituts? In den Motiven wird man vergeblich danach suchen; ihre Ausführung S. 558 ist theils falsch, theils unverständlich.

Noch erstaunlicher aber ist, daß als zweite Form der Nießbrauchsbestellung nur die öffentliche Hinterlegung genannt wird, die private also einen dinglichen Nießbrauch hervorzubringen nicht im Stande ist. Wenn also der den Nießbrauch verordnende Erblasser seine Papiere bei einem sein volles Vertrauen genießenden Bankier in Verwahrung hatte und seine Erben ebenso wie der Nießbraucher dem Bankier gleichfalls Vertrauen schenken, so müssen die Betheiligten trotzdem die Papiere von ihm fortnehmen und sie in gemeinschaftliche Inhabung bringen oder öffentlich hinterlegen; selbst daß der Bankier die Reichsbank ist, ändert nichts; denn die Hinterlegung bei der Reichsbank ist keine „öffentliche". Ein kleiner Trost ist, daß das Gesetz Milde walten läßt und nur zur Begründung des Nießbrauches, nicht auch zur Fortsetzung desselben, die öffentliche Hinterlegung fordert; so können die Betheiligten am nächsten Tage die Papiere wieder abholen, um sie ihrem alten Bankier zurückzubringen. Und daß dem Erblasser ja nicht einfalle anzuordnen, daß die Papiere bei seinem Bankier bleiben müssen; denn die Form, in welcher dingliche Rechte zu begründen sind, ist der „Privatautonomie" entrückt; unbedachter Weise hätte der Erblasser also die Bestellung des Nießbrauches durch jene Bestimmung unmöglich gemacht. Besonders merkwürdig ist noch, daß bei der Verpfändung von Inhaberpapieren die öffentliche Hinterlegung nicht gefordert wird. — Siehe auch zu §§ 1225, 1226.

§§ 1038 bis 1043. Ganzes Vermögen.

Ich würde den Nießbraucher für die auf dem Vermögen ruhenden Schulden den Gläubigern in Höhe des Nießbrauchvermögens unmittelbar haften lassen, und würde ihm weiter das Recht[1]) geben, von diesem Vermögen so viel zu veräußern, als zur Bezahlung der Schulden nöthig ist. Natürlich ist der Eigenthümer für die Schulden gleichfalls verhaftet, kann aber, ähnlich wie der Erbschaftsverkäufer, fordern, daß der Nießbraucher ihn gegen die Gläubiger deckt; ein besonderes Zurückbehaltungs- und Zurückgaberecht (§ 1040) des Eigenthümers ist, sobald der unmittelbare Zugriff der Gläubiger gegen den Nießbraucher erlaubt wird, ebensowenig nöthig wie beim Erbschaftskauf, bei der Geschäftsveräußerung u. s. f. Natürlich hat der Nießbraucher bei der Bezahlung der Schulden und der dazu gehörigen Versilberung des Nießbrauchsvermögens alle Sorgfalt anzuwenden. Mein Vorschlag ist einfacher als der des Entwurfes, ist für die Gläubiger zweckmäßiger und entspricht besser der Vertrauensstellung, welche der Nießbraucher eines ganzen Vermögens nach dem Willen des Bestellers nothwendig oder doch regelmäßig (und jedenfalls in höherem Grade als der vom Besteller verschiedene Eigenthümer) einnimmt. Der unmittelbare Zugriff der Gläubiger ist gegenüber der Regel §§ 319, 497 keine Besonderheit mehr. — Die ganze Regel ist auch auf gewisse andere Vermögensinbegriffe, z. B. auf kaufmännische Geschäfte, anzuwenden.

Abschnitt 7. Titel 3.

Beschränkte persönliche Dienstbarkeiten.

Die einzelnen Paragraphen dieses Titels sind hier nicht zu erörtern, da sie sich nur auf Grundstücke beziehen. Ich bemerke also nur, daß ich beschränkte persönliche Dienstbarkeiten auch an beweglichen Sachen anerkenne. Dies ergibt sich mittelbar aus den Vorschlägen, die ich oben

[1]) So auch Theilentw. § 343.

S. 54 über die Gewährung einer dinglichen Klage zu Gunsten der Unterbesitzer gemacht habe. Namentlich gelangt auch der Miether einer beweglichen Sache, sobald er den Miethsbesitz erlangt hat, zu einem dinglichen Rechte.

Abschnitt 9. Titel 3.

Pfandrecht an beweglichen Sachen.[1]

Der Titel umfaßt auch das gesetzliche und das durch Zwangsvollstreckung begründete Pfandrecht; doch sind einige besonders wichtige Bestimmungen auf das „durch Rechtsgeschäft begründete Faustpfandrecht" beschränkt. Die einzelnen gesetzlichen Pfandrechte finden sich durch den Entwurf zerstreut: zu Gunsten des Vermiethers, Pächters, Verpächters, Werkmeisters, Gastwirths;[2] daneben sind die gesetzlichen Pfand- und Zurückbehaltungsrechte des Handelsgesetzbuches sowie das Pfandrecht des Fiskus wegen seiner Abgaben aufrechterhalten. Wegen nützlicher Verwendung ist nicht ein Pfandrecht, sondern nur ein Zurückbehaltungsrecht gegeben, welches aber ausnahmsweise im Konkurse als Absonderungsrecht gilt.[3])

§ 1145. Begriffsbestimmung.

Sie folgt dem geltenden Rechte. Namentlich wird die Abhängigkeit des Pfandrechtes von der zu sichernden Forderung streng festgehalten.

§ 1147. Begründung.

1. Der Entwurf fordert zur Pfandbestellung die Uebergabe des Pfandes mit Ausschluß des Konstituts. Sehr sachgemäß! Freilich wird dadurch in vielen Fällen die Pfandbestellung, z. B. an Feldfrüchten, Waarenbeständen, unmöglich gemacht, und mancher Schuldner, welcher nur gegen Pfandsicherheit Kredit zu erhalten im Stande ist, wird schwer geschädigt. Man hat deshalb vorgeschlagen,[4]) auch eine Verpfändung,

---

1) Hierüber handeln Scholler und recht gründlich Wernick in Heft 4 der „Gutachten aus dem Anwaltstande über die erste Lesung des Entwurfes eines bürgerlichen Gesetzbuches", herausgegeben im Auftrage des deutschen Anwaltsvereins von den Rechtsanwälten Adams u. s. f., Berlin 1888. Einwendungen, bezüglich deren ich mit Wernick übereinstimme, sind der Kürze wegen hier nicht wiederholt.

2) §§ 521, 532, 536, 543, 574, 628.

3) Entw. des Einf.-Ges. Art. 13 § 41.

4) Scholler S. 371, Wernick S. 377.

welche dem Schuldner die Gewahrsam des Pfandes beläßt, zu gestatten und als Ersatzform, nach französischem Vorbilde, die Eintragung in ein öffentliches Pfandverzeichniß einzuführen. Mit Unrecht. Wir haben wahrlich genug öffentliche Register; es heißt den Verkehr unbillig belasten, wenn man ihm die Rücksichtnahme auf ein neues Register zumuthet; und wie soll bei Gattungssachen durch das Register die Identität gerade der zu Pfand gegebenen Stücke festgestellt werden? Außerdem ist es gar nicht die Aufgabe des Gesetzes, um jeden Preis die Kreditfähigkeit der Bevölkerung zu erweitern; im Gegentheil lehrt die Erfahrung, daß die Erweiterung der Kreditfähigkeit oft genug überwiegend zum Nachtheil der Kreditnehmer ausgeschlagen ist und sie in immer größere Abhängigkeit von den Gläubigern gebracht hat. In diesem Sinne hat das Gesetz die Verpfändung und Beschlagnahme der Arbeitslöhne verboten, im Ganzen segensreich, obschon im Einzelfalle auch dies Verbot einem kreditbedürftigen Arbeiter erheblichen Schaden gebracht hat. Mit dem gleichen Rechte verbietet das Gesetz nunmehr die Verpfändung solcher Sachen, deren Gewahrsam der Schuldner nicht aufzugeben im Stande ist.

Ueber verschleierte Konstitute siehe S. 14 flg.

2. Die von einem Nichteigenthümer vorgenommene Verpfändung ist unter den gleichen Bedingungen rechtswirksam, wie die von einem Nichteigenthümer vorgenommene Veräußerung. Ich schlage vor, daß diese Regel nach dem Vorgange des Handelsgesetzbuches auch auf die gesetzlichen Pfandrechte, z. B. des Vermiethers, entsprechend übertragen wird.[1]) Zwar verkenne ich gewisse Unterschiede nicht, welche zwischen Vertragspfand und gesetzlichem Pfande bestehen, z. B. daß das Zutrauen, welches der Gläubiger in das Eigenthum des Pfandschuldners setzt, bei dem ersteren oft eine festere Grundlage hat als bei letzterem. Allein in der Hauptsache stehen beide Pfandrechte sich gleich: sie sollen dem Gläubiger einen kräftigen Schutz gewähren und dürfen deshalb nicht versagen, wenn unerkennbarer Weise der Schuldner nicht Eigenthümer war. So wenigstens, wenn die Voraussetzungen der Regel „Hand wahre Hand" vorliegen, regelmäßig also, wenn der wirkliche Eigenthümer die Gewahrsam der Sache freiwillig aufgegeben hat; alsdann hat er es sich selber zuzuschreiben, wenn die Sache in die Pfandgewalt des Gläubigers gekommen ist. Und liegt z. B. ein innerer Grund vor, daß, wenn Jemand mit einem erborgten Koffer eine Reise macht, der Koffer dem Pfandrechte der Eisenbahn, nicht aber dem Pfandrechte des Gastwirths unterworfen sein soll?

---

[1]) Ebenso Cohn in der S. 69 Anm. 1 genannten Sammlung S. 159 flg. Abw. Gierke XIII S. 231 Anm. 1.

Beim Pfändungspfandrecht ist dagegen die Regel „Hand wahre Hand“ nicht anwendbar. Der Gläubiger sucht sich hier eigenmächtig ohne Zuthun des Besitzers diejenige Sache aus, welche ihm Deckung oder Befriedigung schaffen soll; er mag also zusehen, daß er eine Sache ergreift, welche hierzu dienlich ist, eine Sache, welche nicht blos in der Gewahrsam, sondern auch im Eigenthume des Schuldners steht. Dies folgt auch aus der Fassung, die ich oben für die Eigenthumsklage vorgeschlagen habe: kann der Eigenthümer die Sache dem Schuldner abfordern, so ist dieser rechtloser Besitzer, und ein jeder, der durch Zwangsvollstreckung, also wider den Willen des rechtlosen Besitzers, diesem die Sache entzieht, ist der Eigenthumsklage gleichfalls unterworfen.

§§ 1148 flg. Umfang der Pfandhaftung.

Warum „Konventionalstrafe“, während doch schon Konkursordnung § 55 das deutsche Wort „Vertragsstrafe“ eingeführt hat? — Ob bei einer Verpfändung für fremde Schuld das Pfand auch für die Zinsen der Schuld haftet, ist Auslegungsfrage; eine Vermuthung wird nach keiner Seite hin aufgestellt; ich halte dies für angemessen.[1])

§ 1154. Nutzpfand.

Die Regeln vom Nießbrauch sollten entsprechend auf das Nutzpfand übertragen werden, z. B. §§ 991, 997. — „Ist eine von Natur nutzbringende Sache als Pfand bestellt, so ist im Zweifel anzunehmen, daß der Pfandgläubiger zur Beziehung der Früchte berechtigt sein soll.“ Gilt dies auch dann, wenn ein Pfandhaber bestellt ist? Auch für zinstragende Inhaberpapiere, für Aktien u. dergl.? (Vergl. § 1226.)

§§ 1155 flg. Putativpfandgläubiger.

Dem Putativpfandgläubiger wird eine Klage nach Art der publiciana gewährt. Dagegen werden ihm die sonstigen Rechte und Pflichten des wirklichen Pfandgläubigers nicht zu Theil. Auch die „Legalobligation“ des letzteren ist auf ihn nicht anwendbar. Die Motive S. 811 machen sogar ausdrücklich darauf aufmerksam, halten diese Regelung der Frage also anscheinend für eine besondere Feinheit. Die Folge ist, daß der Putativpfandgläubiger in manchen Beziehungen günstiger gestellt ist als der wirkliche Pfandgläubiger; z. B. kann er in der Zwischenzeit, während deren der Eigenthümer das zur Einlösung (§ 940) nöthige Geld zu beschaffen sucht, nicht zur öffentlichen Hinter-

---

1) Abw. vermuthet Wernick S. 388, daß das Pfand für die Zinsen haften soll.

legung des Pfandes (§ 1156) angehalten werden und ist zur Benachrichtigung des Eigenthümers bei Verderb der Sache (§ 1157) nicht verpflichtet. Ich halte dies nicht für fein, sondern nur für sonderbar. — Im Uebrigen sind meine Bemerkungen zu §§ 1006, 1017 auch auf § 1155 flg. mitzubeziehen.

§ 1157. Werthverminderung des Pfandes.

Der Pfandgläubiger darf nach meiner Ansicht vor Fälligkeit seiner Forderung das Pfand nur verkaufen, wenn es durch die Regeln guter Wirthschaft gefordert wird. Diese Voraussetzung kann im Einzelfalle schon dann vorliegen, wenn eine Werthminderung des Pfandes zu besorgen ist, z. B. wenn die Aktiengesellschaft, deren Aktien als Pfand gegeben sind, in Vermögensverfall geräth. Aber nicht jede drohende Werthminderung ist Grund zum Verkauf. Denn, wie allbekannt, schreitet ein guter Wirth trotz drohender Werthminderung nicht immer zum Verkauf seiner Sachen, sondern er behält sie ruhig, weil er auf eine spätere Werthsteigerung hofft oder weil er weiß, daß er durch den sofortigen Verkauf einen noch weit größeren Verlust erleiden würde als durch die drohende Werthminderung. Hieran wird durch den Umstand nichts geändert, daß die Sache einem Anderen verpfändet ist und die Werthminderung der Sache die Sicherheit des Pfandgläubigers gefährdet: denn mit der Möglichkeit solcher Werthminderung mußte Letzterer von vornherein rechnen; er mußte demgemäß die Beleihung des Pfandes ganz ablehnen oder auf einen entsprechenden Theil des Werthes beschränken oder sich für den Fall der Werthminderung ein Recht auf Nachschuß oder sofortigen Verkauf besonders vorbehalten; hat er alles dieses nicht gethan, so darf er die ihm zu Pfand gegebenen Sachen nicht anders behandeln, als wie ein guter Wirth seine eigenen Sachen behandeln würde. Im Grunde ist dies selbstverständlich; denn anderenfalls dürfte ein Gläubiger, welcher preußische Konsols zum vollen Kurswerth des Tages beliehen hat, dieselben verkaufen, auch wenn ihr Kurs nur um $^1/_8$ Prozent fällt, weil in Höhe dieses $^1/_8$ Prozent seine Sicherheit gefährdet ist! Und wer denkt daran, den Hypothekengläubigern ein verfrühtes Verkaufsrecht zu geben, blos weil der Werth des verpfändeten Grundstücks (etwa wegen Aufhebung eines nahegelegenen Marktes) unter den Betrag der Hypothekenkapitalien sinkt? Trotzdem stellt der Entwurf die Regel auf, daß der Gläubiger bei jeder seine Sicherheit gefährdenden Minderung des Werthes das Pfand sofort verkaufen darf. Diese Regel mag für den Lombardverkehr der Kaufleute passen, für den allgemeinen Pfandverkehr paßt sie nicht. (Vergl. §§ 1073, 1033 Abs. 3.)

Nach den Vorschlägen zu § 1169 ist auch dieser Verkauf an eine gerichtliche Genehmigung zu binden, es sei denn, daß Gefahr im Verzuge ist.

§ 1159. Verwendungen des Pfandgläubigers.

Der Eigenthümer muß dem Gläubiger „die auf das Pfand gemachten nothwendigen Verwendungen" ersetzen. Ist dies gerecht? Soll der Eigenthümer wirklich z. B. die Futter- und Thierarztkosten eines kranken Pferdes bezahlen, selbst wenn er sich die Auslagen verbeten hat und wenn er, etwa weil das Pferd vor der Rückgabe stirbt, um ihren Betrag nicht bereichert wird? Das wäre doch nur denkbar, wenn der Eigenthümer eine besondere Verpflichtung gegenüber dem Pfandgläubiger hätte, das Pfand zu erhalten; denn anderenfalls kann er seine eigene Sache, z. B. weil sie ihm die Erhaltungskosten nicht werth scheint, nach Belieben verderben lassen. — Besteht nun eine Pflicht dieser Art? Für den Eigenthümer als solchen sicher nicht, und doch spricht der Entwurf mit Vorbedacht nur von diesem, indem er ihn mit großer Kunst (vergl. § 1195) von dem Verpfänder unterscheidet. Aber auch für den Verpfänder nicht oder doch wenigstens nicht in allen Fällen. (Siehe die Bemerkung zu § 1010.)

§ 1162. Einlösungsrecht der nachstehenden Pfandgläubiger.

Ich würde das Einlösungsrecht gewähren, sobald die Pfandforderung des Vormannes fällig ist, und nicht erst, wie der Entwurf, wenn der Vormann zum Pfandverkauf schreitet.[1]) Denn mehr kann der Vormann nicht verlangen, als daß seine fällige Forderung voll bezahlt wird; wird dies angeboten, so darf er das Pfand seinen gleichfalls mit dinglichem Pfandrecht ausgestatteten Nachmännern nicht vorenthalten.

§ 1165. Pflicht zum Pfandverkauf.

Der Pfandgläubiger soll zum Verkauf berechtigt, nicht verpflichtet sein. Sachgemäß. Denn es muß von ihm abhängen, die Zeit des Verkaufs zu bestimmen, weil bei unzeitigem Pfandverkauf leicht ein zu geringer zur Befriedigung des Gläubigers unzureichender Verkaufserlös erzielt werden möchte. — Doch ist diese Vorschrift des Entwurfes durch eine weitere Regel zu mildern: der Schuldner darf, so lange der Pfandgläubiger nicht zum Pfandverkaufe schreitet, die Bezahlung der Schuld aus seinem anderweiten Vermögen ablehnen. Denn es hängt von der

---

[1]) Ebenso Wernick S. 396. Dieser gibt sogar den persönlichen Gläubigern des Pfandschuldners ein gleiches Einlösungsrecht.

Wahl des Schuldners ab, welche seiner Vermögensstücke er zwecks Befriedigung des Gläubigers versilbern will. Soll er nun gerade die dem Gläubiger zum Pfande gegebenen Sachen nicht wählen dürfen? Muß er wirklich, um die Zwangsvollstreckung des Gläubigers abzuwenden, seine Betten, Möbel u. dergl. verkaufen, während der Gläubiger leicht verkäufliche Werthpapiere als Pfand in Händen hat? Das alles geht nicht an. Ein beneficium excussionis realis ist also unentbehrlich.

§ 1166. Verkaufsrecht nachstehender Pfandgläubiger.

Der Entwurf versagt ihnen das Verkaufsrecht nur, wenn der vorstehende Pfandgläubiger das Pfand in seiner Inhabung hat. Eine ganz äußerliche Unterscheidung. Mir wird z. B. eine bereits verpfändete Sache als Pfand gegeben, ohne daß ich die Vorverpfändung kenne: gemäß § 1152 erwerbe ich den Vorrang; wenn ich nun das Pfand meinem Bankier zur Verwahrung übergebe, sollen die nachstehenden Gläubiger dasselbe verkaufen dürfen, während sie dies Recht nicht haben, wenn ich die Sache in meinem eigenen Schreibtische verschließe!! — Sonderbar ist auch, daß der Verkauf seitens der nachstehenden Pfandgläubiger zulässig sein soll, noch ehe die Pfandforderung des ersten Gläubigers fällig ist. — Richtiger ist es, daß man das Verkaufsrecht nachstehender Pfandgläubiger bei beweglichen Sachen ganz ebenso behandelt wie bei Grundstücken, d. h. daß man das „geringste Gebot" auch auf das Faustpfandrecht überträgt. [1]) Dadurch macht man zwar den nachstehenden Gläubigern thatsächlich den Pfandverkauf fast unmöglich. Das schadet aber nichts. Denn eine mehrfache Verpfändung beweglicher Sachen ist zum Nachtheil des ersten Pfandgläubigers nicht zu begünstigen. Auch verbleibt den nachstehenden Pfandgläubigern immerhin das Recht, die Sache bei dem Vormanne einzulösen; alsdann steht dem Pfandverkaufe nichts im Wege. (Vergl. auch § 1180.)

§ 1167. Lex commissoria.

Der Entwurf verbietet nur die Abrede, daß das Eigenthum des Pfandes auf den Gläubiger „übergehen" solle. Zulässig ist also, daß der Gläubiger das Pfand unter Verrechnung des Kaufpreises gegen seine Forderung kauft und zugleich unter der auflösenden Bedingung verkauft, daß, falls der Kaufpreis nicht pünktlich gezahlt wird, das Eigenthum der Sache bei ihm verbleibe. Das Verbot der lex commissoria kann

---

[1]) Umgekehrt will Wernick S. 397 das Verkaufsrecht der Nachmänner gegen den Entw. noch erweitern.

also spielend umgangen werden. Durch die oben S. 15 vorgeschlagene Regel will ich hier Abhülfe schaffen.

§ 1168. Verpfändung von Geld.

Baares als Pfand gegebenes Geld braucht der Gläubiger nicht zu verkaufen, sondern kann es sich unmittelbar aneignen. Der Entwurf beschränkt dies auf Geld, welches der Gläubiger innehat. Ist also das Geld bei einem Pfandhalter hinterlegt, so muß es zwecks Befriedigung des Gläubigers — verkauft werden; zur Aushändigung des Geldes an den Gläubiger ist der Pfandhalter nicht ermächtigt!

§§ 1169 flg. Pfandverkauf.

Der Entwurf gestattet den privaten Pfandverkauf;[1]) jedoch soll der Verkauf im Wege der Versteigerung geschehen und, wenn thunlich, dem Eigenthümer vier Wochen vorher angedroht werden. Ich würde an Stelle dieser dem sächsischen Rechte entlehnten Bestimmung der französischen, im Wesentlichen auch vom Handelsgesetzbuche angenommenen Form den Vorzug geben: der Gläubiger muß, indem er sein Verkaufsrecht glaubhaft macht, die gerichtliche Erlaubniß zum Pfandverkaufe, jedoch ohne ordentlichen Prozeß, nachsuchen; das Gericht kann vorher nach Ermessen den Schuldner hören. Der Gewinn bei diesem Verfahren ist, daß die Frage, ob die Pfandforderung rechtsgültig begründet und fällig, ob eine Androhung des Pfandverkaufs „thunlich" war, u. s. f. nicht der parteiischen Beurtheilung des Gläubigers, sondern der unparteiischen des Gerichtes unterworfen wird. Allerdings ist der Gläubiger im Pfandbesitze, und man könnte meinen, daß ihm deshalb die Einholung einer gerichtlichen Erlaubniß zur Verwerthung seines Besitzes nicht zuzumuthen, vielmehr dem Schuldner zu überlassen sei, durch Erwirkung einer einstweiligen Verfügung die Besitzvortheile des Gläubigers zu entkräften. Allein die Besitzstellung des Gläubigers bezieht sich nur auf das Recht der Inhabung, nicht auf das Recht des Verkaufs; denn dieses Recht ist ihm nur bedingt übertragen, und das ist ja gerade streitig, ob der Gläubiger über den Eintritt der Bedingung eigenmächtig befinden darf; von einem Besitz des Verkaufsrechtes kann deshalb füglich keine Rede sein. Auch wird, wenn man alles auf eine vom Schuldner zu erwirkende einstweilige Verfügung stellt, die Beweislast unbillig verschoben: denn wie kommt der Schuldner dazu, glaubhaft zu machen, daß die künftige Forderung, für welche das Pfand bestellt, gar nicht entstanden, oder daß die Forderung auf einen geringeren als den vom Gläubiger behaupteten Betrag

[1]) Dem Entwurfe stimmt Wernick S. 398 zu.

gehe und deshalb durch die unstreitigen (vom Gläubiger als Abschlagszahlungen bezeichneten) Leistungen des Schuldners vollständig gedeckt sei. Dazu kommt, daß bei dem ganzen Verfahren dem Gläubiger höchstens eine Einbuße an Zeit, dem Schuldner dagegen der endgültige Verlust seines Eigenthumes droht. Nach alledem erscheint es mir zweifellos, daß ein ausreichender Grund nicht vorliegt, die in reichlich drei Vierteln Deutschlands[1]) gegenwärtig für nöthig erachtete gerichtliche Verkaufserlaubniß zu streichen. Das Zugeständniß, welches auch ich dem Pfandgläubiger zu machen bereit bin, daß er nicht, wie in Preußen und Württemberg, behufs des Pfandverkaufs im ordentlichen Verfahren, also mit großen Opfern an Zeit und Geld, ein vollstreckbares Urtheil gegen den Schuldner erstreiten muß, ist groß genug. (Siehe auch zu §§ 1177, 1181.)

Ort des Pfandverkaufs soll die Gemeinde sein, in welcher das Pfand bei Befriedigung des Gläubigers zurückzugeben sein würde. Wo letzterer Ort ist, wird aber im Entwurf sonderbarer Weise nicht gesagt, vielmehr der Rechtsprechung überlassen. Dann hätte man füglich auch den Verkaufsort der Rechtsprechung überlassen können.

§§ 1177 flg. Abweichungen von den gesetzlichen Verkaufsformen.

Abweichende Abreden sind, insoweit sie die §§ 1171, 1174 betreffen, z. B. statt der Pfandversteigerung den freihändigen Pfandverkauf gestatten, erst nach Fälligkeit der Pfandforderung gültig. Ist dies angemessen? Ist nicht wenigstens bei Marktwaaren die Abrede freihändigen Verkaufs schon zur Zeit der Verpfändung statthaft? — Sollte nicht andererseits, nach Vorgang von Handelsgesetzbuch Artikel 311, für Abreden dieser Art Schriftlichkeit zu fordern sein? — § 1177 Absatz 1 Satz 2 ist undeutlich. Danach wäre eine abweichende Abrede über den Pfandverkauf nur wirksam, wenn sie auch von solchen Pfandgläubigern genehmigt wird, deren Pfandrecht jünger ist als die Abrede. Ist dies wirklich beabsichtigt?

Abweichungen von den gesetzlichen Verkaufsformen sind auch ohne besondere Abrede zulässig, wenn sie nach billigem Ermessen sowohl dem Eigenthümer wie dem Gläubiger nützlich sind. Doch muß diejenige Partei, welche die Abweichung fordert, die andere Partei auf ihre Einwilligung erst in gewöhnlichem Prozesse verklagen; freilich kann sie auch eine einstweilige Verfügung erbitten; aber dies wird meistens nur den negativen Erfolg haben, daß der Pfandverkauf bis zur Beendigung des Prozesses ausgesetzt bleibt. So werden denn solche Abweichungen, so

---

[1]) Preußisches, württemb., franz. Recht u. s. f.

wünschenswerth sie sein mögen, thatsächlich kaum vorkommen. Ganz anders wäre es, wenn nach meinem Vorschlage zum Pfandverkaufe gerichtliche Ermächtigung gefordert wird: alsdann läßt sich jede Abweichung von der gesetzlichen Verkaufsform sofort, den beiderseitigen Bedürfnissen entsprechend, ohne Verlust von Zeit und Geld, angemessen regeln. Mein Vorschlag dient also insoweit dem Nutzen auch des Gläubigers.

§ 1180. Pfand und Nießbrauch.

Wenn auf einer Sache nach einander ein Pfandrecht, ein Nießbrauch und wieder ein Pfandrecht lastet, so soll der Nießbrauch durch den Pfandverkauf erlöschen, selbst wenn derselbe von dem jüngeren Pfandgläubiger beantragt war. So seltsam verkünstelt dieser Satz ist, so offenbar ungerecht ist er; denn der dingliche Nießbrauch darf durch eine jüngere, vielleicht ohne Einwilligung des Nießbrauchers erfolgende, Pfandbestellung nicht erschüttert werden. Die Motive S. 831 entgegnen, daß der Pfandverkauf kraft jüngeren Pfandrechtes sogar das dem Nießbrauch vorgehende Pfandrecht erschüttere; und in der That würde die Aufhebung des Nießbrauches die nothwendige Folge der Aufhebung des älteren Pfandrechtes sein. Aber diese nothwendige Folge ist eben ungerecht und lediglich ein neuer Grund dafür, daß auch die Erschütterung älterer Pfandrechte durch jüngere zu verwerfen ist. (Vergl. zu § 1166.)

§§ 1181 flg. Wirkung des Pfandverkaufs für den Ersteher.

Ein unrechtmäßiger Pfandverkauf soll Eigenthum nur auf denjenigen Käufer übertragen, welcher erweislich in gutem Glauben ist. Dies ist unzureichend, selbst wenn man die Beweislast in letzterer Beziehung ändert.[1]) Denn wenn der Pfandeigenthümer in der Versteigerung erscheint und die Gültigkeit der Pfandforderung oder ihre Fälligkeit bestreitet, so wissen die Bieter freilich nicht, ob sein Bestreiten begründet ist; aber es verträgt sich mit dem guten Glauben nicht, daß sie sein Bestreiten einfach nicht beachten, sondern blindlings dem Pfandgläubiger trauen. Und die Bieter werden den Begriff des guten Glaubens thatsächlich schon deshalb ziemlich streng auffassen, um jeder möglichen Weiterung zu entgehen. Somit wird der Kreis der Bieter verringert oder doch der Betrag der Gebote, der Unsicherheit der Rechtslage entsprechend, ermäßigt werden. Ganz anders würde die Sache liegen, wenn der Versteigerer einfach auf eine gerichtliche Verkaufserlaubniß hinweisen und damit sofort den Einspruch des Eigenthümers widerlegen könnte.

---

[1]) Siehe oben S. 27, 3.

Auch hier würde sich also die gerichtliche Verkaufserlaubniß als dem Gläubiger nützlich bewähren.

Ebenso kann, wenn eine gerichtliche Ermächtigung vorliegt, der freihändige Pfandverkauf in der Rechtswirkung der Pfandversteigerung gleichgestellt werden. Abw. Entwurf § 1182.

§ 1184. Antheilspfandrecht.

Bedenklich ist, daß der Pfandgläubiger hier zu einem Recht auf Benutzung der Sache kommen soll. Soll dies auch gelten, wenn ein Pfandhalter bestellt ist?

§ 1186. Abtretung des Pfandrechts.

Der Entwurf hält die Uebergabe des Pfandes zur Abtretung des Pfandrechtes nicht für erforderlich. Wenig folgerichtig. Denn nach den allgemeinen Grundsätzen des Entwurfes soll nur der Besitzer einer Sache befugt sein, dinglich über dieselbe zu verfügen; und es ist nicht zu bezweifeln, daß die Abtretung des Pfandrechtes ebensosehr eine dingliche Verfügung ist wie die Abtretung des Eigenthumes.[1])

§ 1191. Aufhebung des Pfandrechtes.

„Das Pfandrecht erlischt durch die Rückgabe des Pfandes von Seiten des Pfandgläubigers an den Eigenthümer, auch wenn der Gläubiger sich hierbei das Pfandrecht vorbehalten hat." Im Ganzen sehr zweckmäßig. Nur ist an Stelle des Eigenthümers der Verpfänder zu setzen.[2]) Auch geht es wohl zu weit, daß das Pfandrecht des das Pfand zurückgebenden Gläubigers in aller und jeder Beziehung erlöschen soll. Beispiel: A. hat 60 000 Mark Laura-Aktien dem B. und nachträglich dem C. für je 40 000 Mark lombardirt; B. hat die Aktien in der Gewahrsam, gibt sie aber, ohne den C. zu fragen, dem A. auf dessen Bitte für ein paar Tage heraus, damit letzterer in einer wichtigen Generalversammlung der Aktiengesellschaft erscheinen und abstimmen kann; sobald als möglich bringt A. dem B. die Aktien getreulich zurück. Inzwischen ist aber nach der Bestimmung des Entwurfes das Pfandrecht des B. erloschen, das des C. ist also an erste Stelle gerückt und — selbst wenn man in der Rückgabe des Pfandes an B. eine stillschweigende Neuverpfändung erblicken will — ist B. doch höchstens zweiter Pfandgläubiger geworden. Das ist ungerecht.

Ebenso ist bedenklich, daß die Regel auch auf das Pfändungspfandrecht unverändert angewendet wird. Danach erlischt das Pfand-

---

[1]) Richtig Theilentw. § 446. Siehe oben S. 22.

[2]) Siehe unten zu § 1195.

recht z. B., sobald die gepfändeten und in die Pfandkammer geschafften Sachen mit Einwilligung des Gläubigers in die Gewahrsam des Schuldners zurückgebracht werden, auch wenn die Siegel des Gerichtsvollziehers auf den Pfandstücken verbleiben. Dies paßt zu dem Sinne von Civilprozeßordnung § 712 Abs. 2 nicht.

Absatz 2 stellt für gewisse Fälle eine Vermuthung dahin auf, daß der Gläubiger, welcher das Pfand nicht mehr in seiner Gewahrsam hat, die Gewahrsam freiwillig aufgegeben habe. Wird die oben S. 40 vorgeschlagene Beschränkung der dinglichen Klagen angenommen, so ist Abs. 2 gar keine Besonderheit mehr und kann als selbstverständlich gestrichen werden.

Verliert der Gläubiger oder der Pfandhalter die Pfandgewahrsam wider Willen, so dauert das Pfandrecht mit dinglicher Wirkung fort. So auch dann, wenn das wider Willen verlorene Pfand in die Gewahrsam des Verpfänders zurückgelangt und der Verpfänder in Konkurs fällt. Bekanntlich hat die Konkursordnung § 41 und das Einführungsgesetz dazu §§ 14, 15 für den Konkursfall das Gegentheil bestimmt[1]) und die Landesgesetze[2]) haben diese gegentheilige Regel auch über den Bereich des Konkurses ausgedehnt; das Einführungsgesetz zum bürgerlichen Gesetzbuche Art. 13, 14 hebt aber diese Bestimmungen auf. Es liegt also eine wichtige Abänderung der Konkursordnung vor. Ich halte sie für dankenswerth; nur ist sehr auffallend, daß die Motive nicht die mindeste Erläuterung und Rechtfertigung für die Abänderung der Konkursordnung geben; im Gegentheil wird in den Motiven Bd. 2 S. 408 sogar angedeutet, daß die Konkursordnung nicht abgeändert werden solle. Wozu sind die Motive eigentlich da, wenn sie den Leser nicht einmal darauf aufmerksam machen, inwieweit das neu zu erlassende Gesetz Abänderungen des bisherigen Reichsrechts bringt und aus welchen Gründen das alte Reichsrecht beseitigt werden soll?

§ 1195. Verpfänder und Pfandeigenthümer.

Diese beiden brauchen nicht die nämliche Person zu sein. Alsdann ist die Hauptperson der Verpfänder, schon deshalb, weil man oft nicht genau weiß, wer Pfandeigenthümer ist. Trotzdem schiebt der Entwurf[3]) den

---

[1]) So sagt das Einf. Ges. zur Konk. Ordn. § 14 ausdrücklich: das Faustpfandrecht besteht nur, wenn der Pfandgläubiger oder ein Dritter für ihn den Gewahrsam der Sache erlangt und behalten hat. Siehe auch Entsch. des Reichsg. Bd. 8 Nr. 25.

[2]) Preuß. Ausf. Ges. zur Konk. Ordn. vom 6. März 1879 § 7.

[3]) Der Theilentw. hat diese Auffassung noch nicht.

Pfandeigenthümer in den Vordergrund; und erst am Schluß seiner Bestimmungen stellt er das ganze Rechtsverhältniß doch wieder auf die Person des Verpfänders, indem er mittels einer Vermuthung und einer Fiktion den Verpfänder als Pfandeigenthümer behandelt wissen will. Man sieht, daß der Entwurf, nachdem er sich soeben kunstvoll selber eine Schwierigkeit bereitet hat, mit noch größerer Kunst sich aus derselben zu retten weiß. Doch ist die Rettung nicht ganz gelungen. So verliert der Verpfänder z. B. die besonderen Sicherungsrechte aus § 1156, sofern ihm der Pfandgläubiger nachweist, die Sache sei Eigenthum irgend einer fremden, vielleicht gar einer unbekannten Person. Ferner ist oben S. 73 schon gezeigt, daß dem Pfandeigenthümer eine Erstattungspflicht auferlegt wird, welche verständigerweise nur dem Verpfänder zugedacht sein kann. Sodann darf bei der Begründung des Pfandrechtes das Pfand in der Gewahrsam weder des Eigenthümers noch des Verpfänders stehen, während ein bereits begründetes Pfandrecht nur dann erlischt, wenn es in die Gewahrsam des Eigenthümers zurückgelangt (§ 1147, 1191). Der Verpfänder für fremde Schuld darf, wenn er nicht zugleich Pfandeigenthümer, das Pfand erst einlösen, wenn der Gläubiger zum Verkauf schreitet, nicht schon bei Fälligkeit (§ 1162) u. s. f.

Ich schlage dementgegen vor, im ganzen Titel (mit Ausnahme von § 1147 Abs. 1) das Wort „Eigenthümer" durch „Verpfänder" zu ersetzen und an Stelle des § 1147 Abs. 2, §§ 1152, 1195 folgende Bestimmung einzuschieben:

> Ist das Pfand nicht im Eigenthum des Verpfänders, so stehen die gesetzlichen Rechte des Verpfänders auch dem Eigenthümer selbständig zu.
>
> Auf die Rechtsgeschäfte des Verpfänders sind §§ 877 bis 880 entsprechend anzuwenden.

Durch diese Fassung werden dem Verpfänder, auch wenn er Nichteigenthümer ist, gewisse dingliche Rechte zugetheilt, z. B. aus § 1187 Absatz 1; da er zur Zeit der Verpfändung Besitzer des Pfandes gewesen sein muß, finde ich dies lediglich angemessen. — Besondere Pflichten brauchen dem Eigenthümer nicht auferlegt zu werden; die Dinglichkeit der Ansprüche des Gläubigers gewährt diesem genügenden Schutz; die Pflicht aus § 1178 Absatz 1 ist durch Absatz 2 auf den Eigenthümer sowieso erstreckt.

§§ 1196 flg. Pfandrecht an Schiffen.

Besser einem Sondergesetz oder einem Ergänzungsgesetz zum Handelsgesetzbuch zu überweisen. Auch die Verpfändung von Stromschiffen wäre hier zu regeln.

Abschnitt 9. Titel 4.

Pfandrecht an Rechten.

Die Motive S. 853 rühmen, daß der Entwurf die Frage der Pfandrechtsbegründung „in einfacher und prinzipieller Weise löse, während die anderen Gesetzgebungen . . . ein buntes Gemisch von Spezialbestimmungen enthalten". Thatsächlich stellt auch der Entwurf einen „prinzipiellen" Satz auf; er macht aber davon nicht weniger als vier unter sich verschiedene Ausnahmen; § 1208: Eintragung des Verpfänders einer Hypothek im Grundbuch, § 1209: Konstitut unzulässig, § 1211: Anzeige an den Drittschuldner, § 1212: gerichtliche Form; schließlich wird noch in einer amtlichen Anmerkung zu § 1208 eine fünfte Ausnahme angekündigt. Es ist eine merkwürdige Begriffsverwirrung, eine derartige Gesetzgebung als „einfach" zu loben.

§ 1209. Erwerb in gutem Glauben.

Auch die Anwendung von § 1195 Absatz 2 wird bei Verpfändung von Rechten auszuschließen sein.

§ 1210. Afterverpfändung.

Abweichend vom Entwurfe verlange ich bei der Afterverpfändung, daß das Pfand dem Afterpfandgläubiger übergeben werde, und lasse auch das Konstitut nicht genügen: der erste Pfandgläubiger darf also die Gewahrsam des Pfandes nicht behalten. — Gemäß § 1216 ist auch § 1191 auf die Afterverpfändung entsprechend anzuwenden.

§ 1211. Verpfändung von Forderungen.

Als Form wird die Anzeige der Verpfändung an den Drittschuldner gefordert. Sachgemäß.[1]) Zwar werden hier manche Unklarheiten entstehen. Doch ließen diese sich nur durch gänzliches Verbot der Verpfändung von Forderungen beseitigen, und hierzu würde ich keinesfalls rathen.

§ 1212. Verpfändung von Urheberrechten u. dergl.

Gefordert ist die Verpfändung durch notarielle oder gerichtliche Urkunde. Einen Gewinn verspreche ich mir von dieser Form nicht: sie läßt heimliche und fiktive Verpfändungen ebenso gut zu wie jede andere Form.

---

[1]) Wernick S. 404 will die Anzeige abschaffen.

§ 1215. Pfandverwerthung.

Die Pfandverwerthung soll nur auf Grund eines vollstreckbaren Titels zulässig sein. Ich würde dagegen eine gerichtliche Ermächtigung ohne ordentlichen Prozeß für ausreichend halten. Allerdings kann im Einzelfalle auch ein Unbefugter diese Ermächtigung erlangen und gerade bei der Verwerthung verpfändeter Rechte dem Verpfänder einen besonders großen, unersetzlichen Schaden zufügen. Allein genau besehen beschränkt sich diese besondere Größe der Gefahr auf sehr wenige Arten der Rechte, z. B. die Urheberrechte (zumal der Entwurf selbst sämmtliche verpfändeten Forderungen von der Regel ausgenommen hat), und kehrt bei gewissen körperlichen Sachen, z. B. bei Aktien ohne Börsenkurs, bei sehr theuern Pferden, Münzensammlungen u. dergl., ganz ebenso wieder; so wenig für Sachen dieser Art eine ausnahmsweise Behandlung nöthig, so wenig für jene Rechte. Der Verpfänder mag sich bei Zeiten selber vorsehen. Auch wird das Gericht von selbst die Ermächtigung zur Pfandverwerthung bei Rechten dieser Art, ganz ebenso wie bei schwer verkäuflichen Sachen, nur mit besonderer Vorsicht ertheilen. (Vergl. auch Motive S. 864 Nr. 4.)

§§ 1217 flg. Verpfändete Forderungen.

1. Ist dem Pfandgläubiger eine verzinsliche Forderung als Nutzpfand bestellt (§ 1214), so muß das einseitige Kündigungsrecht des Eigenthümers der Forderung fortfallen, gerade wie beim Nießbrauch. Anscheinend stimmen die Motive S. 860 hiermit überein. Doch bedarf dies ausdrücklicher Bestimmung.

2. Bei Fälligkeit der Hauptforderung soll der Pfandgläubiger die ihm verpfändete Forderung eigenmächtig einziehen dürfen. Ich glaube, daß man auch hier an dem Erforderniß gerichtlicher Ermächtigung festhalten muß. Die Gründe sind die nämlichen, welche S. 75 gegen den eigenmächtigen Verkauf verpfändeter Sachen angeführt sind. Es kommt dazu, daß dem Drittschuldner eine gar zu große Last aufgebürdet wird, wenn er — wohlgemerkt, auf seine Gefahr — die Einziehungsbefugniß des Pfandgläubigers, also die Gültigkeit der Hauptforderung, die Fälligkeit derselben, die Rechtmäßigkeit des Pfandrechtes prüfen soll. Die Motive S. 862 meinen zwar, daß bei einer „bedingten Zession" dem Schuldner eine gleiche Prüfungspflicht obliege; schlimm genug; auch eine bedingte Zession sollte dem Erwerber nur ein Recht auf Abtretung der Forderung, sobald die Bedingung wirklich erfüllt ist, geben, und nicht unmittelbar gegen den Schuldner wirksam sein: die Verpfändung von Forderungen deckt eben die Schwierigkeiten auf, welche die bedingte Veräußerung einer Forderung bietet. Will man aber daran festhalten,

daß die bedingte Abtretung der Forderung unmittelbar gegen den Schuldner wirkt, so braucht man deshalb die aus derselben entspringenden Schwierigkeiten nicht auch auf die Forderungsverpfändung zu erstrecken; gibt doch der Entwurf selber in § 1211 zu, daß Verpfändung und Veräußerung der Forderung nicht gleichmäßig behandelt werden können. Und wenn der Entwurf sagt, er stimme mit der „Mehrheit der Gesetzgebungen" überein, so ist dies irreführend; er hat Recht nur, wenn er die Zahl derselben, nicht wenn er ihr Geltungsgebiet würdigt; für das Gebiet des preußischen, französischen und württembergischen Rechtes, also fast für zwei Drittel des deutschen Volkes, bringt der Entwurf eine schroffe Rechtsänderung.

Hält man an dem jetzigen § 1218 fest, so bedarf das Kündigungsrecht des Drittschuldners und die Pflicht des Pfandgläubigers, bei der Einziehung der Forderung den Nutzen des Verpfänders sorgsam zu berücksichtigen, besonderer Regelung. Ueberflüssig ist diese nicht; denn sonst wäre auch § 1217 Abs. 2 und § 1156 Abs. 1 nicht nöthig.

3. Wird die dem Pfandrechte unterliegende Forderung vom Pfandgläubiger eingezogen, so erwirbt dieser „an dem geleisteten Gegenstande mit dessen Leistung das Pfandrecht". Sachgemäß, aber (ähnlich wie § 1029 Abs. 1) höchst undeutlich gefaßt. Soll denn wirklich Pfandrecht entstehen, auch wenn der Drittschuldner nicht Eigenthümer des Gegenstandes, der Gegenstand selbst gestohlen, der Pfandgläubiger unredlich war? Und soll Pfandrecht durch jede „Leistung" des Gegenstandes, also jede Art der Uebergabe entstehen, mit welcher der Pfandgläubiger sich einverstanden erklärt, z. B. wenn der Drittschuldner mit Ermächtigung des Pfandgläubigers das Pfand in die ausschließliche Inhabung des Verpfänders bringt? Offenbar sollen alle diese Fragen verneint werden (vergl. aber Motive S. 865 Zeile 10 v. u.); trotzdem führt der Wortlaut des Entwurfes sicher zur Bejahung.

§ 1221. Neubelegung eingezogener Kapitalien.

Ist gemäß der Bemerkung zu § 1034 abzuändern. Freilich ist bei der Kürze der Zeit, für welche die Neubelegung des verpfändeten Kapitals gelten soll, der Abänderungsvorschlag hier minder wichtig als bei den Nießbrauchkapitalien des § 1034.

§ 1222. Zinsen verpfändeter Forderungen.

Sachgemäß. Nur scheint mir die Auffassung näher zu liegen, daß die Zinsen von vornherein mit verpfändet sind, jedoch dem Gläubiger bis zur Erhebung der Klage bezw. dem zu § 1218 vorgeschlagenen gerichtlichen Beschlusse die freie Verfügung über die bis zu diesem Zeitpunkte laufenden Zinsen zusteht. So faßt der Entwurf selbst das ganz ähnliche Rechtsverhältniß bei der Hypothek an Grundstücken (§§ 1067 Nr. 4, 1069.) — Auch eine entsprechende Anwendung von § 1069 Abs. 2 wäre wohl gerechtfertigt, derart, daß z. B. der Pfandhalter, bei dem Werthpapiere nebst Zinsscheinen hinterlegt sind, dem Verpfänder die Abtrennung der Zinsscheine erst drei Monate vor Fälligkeit erlauben darf.

§§ 1225 flg. Verpfändete Werthpapiere.

Die Verpfändung von Orderpapieren geschieht durch Uebergabe des indossirten Papieres an den Gläubiger mit Ausschluß des Konstituts. Weitere Bestimmungen fehlen; es gelten also anscheinend die gleichen Regeln wie bei der Verpfändung von Forderungen. Der Gläubiger darf mithin den ihm verpfändeten Wechsel nicht diskontiren, sondern ist darauf beschränkt, die Wechselschuld gemäß §§ 1217 flg. einzuziehen. Bedenklich. (Vergl. Civilprozeßordnung §§ 722, 723.)

Umgekehrt wird die Verpfändung von Inhaberpapieren wie die Verpfändung beweglicher Sachen behandelt. Jedoch soll der Gläubiger, wenn die Inhaberpapiere einen Börsenpreis haben, sie bei Fälligkeit seiner Forderung freihändig zum Tageskurse verkaufen können. Anscheinend ist also eine Androhung des Verkaufes oder die Einhaltung einer Wartefrist nicht nöthig. Diese Strenge ist mir unbegreiflich; ich würde die Börsenpapiere genau ebenso behandeln wie andere Marktwaare.

Druck der Norddeutschen Buchdruckerei, Berlin, Wilhelmstraße 32.

Bei Fragen zur Produktsicherheit wenden Sie sich bitte an:
If you have any questions regarding product safety,
please contact:

Walter de Gruyter GmbH
Genthiner Straße 13
10785 Berlin
productsafety@degruyterbrill.com